D1687352

Inge Auerbacher
Ich bin ein Stern

Ich widme dieses Buch meinen Eltern, die als meine Schutzengel in der Zeit der Not versucht haben, mich vor allem Bösen zu bewahren, meinen Schmerz zu lindern, meinen Hunger zu stillen und meine Ängste zu besänftigen;
Ruth und Tommy und den mehr als anderthalb Millionen jüdischer Kinder des Holocaust, die nun Sterne in der Nacht sind;
allen Kindern der Welt, die die Welt mit ihrer Liebe erleuchten.

Inge Auerbacher
Ich bin ein Stern

Aus dem Amerikanischen
von Mirjam Pressler

Mit einer Zeittafel von Franz Josef Schütz

BELTZ
& Gelberg

Inge Auerbacher, geboren 1934 in Kippenheim, war von ihrem siebten bis zu ihrem zehnten Lebensjahr (1942–1945) im Konzentrationslager Theresienstadt in der Tschechoslowakei inhaftiert. 1946 wanderte sie mit ihren Eltern in die Vereinigten Staaten von Amerika aus und lebt seither in New York. Sie arbeitet heute als Chemikerin.

Mirjam Pressler, geboren 1940 in Darmstadt, besuchte die Hochschule für Bildende Künste in Frankfurt und lebt heute als freie Autorin und Übersetzerin in München. Viele ihrer Kinder- und Jugendbücher erschienen im Programm Beltz & Gelberg.

Abbildungsnachweis
S. 10, 13-18, 24-26, 32, 79 I. Auerbacher; S. 21, 44, 70, 74 aus: Terezín, Nasje Vojsko, Prag 1960; S. 37, 51 Statni Zidovske Muzeum Prag;
S. 48, 55 YIVO Institute for Jewish Research, New York;
S. 82 aus: G. Schoenberger, Der gelbe Stern. Hamburg: Rütten & Loening 1960;
S. 84 aus: M. Gilbert, Endlösung.
Copyright © 1982 by Rowohlt Taschenbuch Verlag GmbH, Reinbek.

© 1990 Beltz Verlag, Weinheim und Basel
Programm Beltz & Gelberg, Weinheim
Alle Rechte für die deutschsprachige Ausgabe vorbehalten
© 1986 by Inge Auerbacher
Die Originalausgabe erschien u. d. T. *I am a Star* bei
Simon & Schuster, New York
Einband (unter Verwendung eines Fotos)
von Wolfgang Rudelius
Gesetzt in der 12 Punkt Times auf MOPAS-Umbruch-Satzsystem;
belichtet auf Linotronic 300 von Linotype
Gesamtherstellung Druckhaus Beltz, 6944 Hemsbach
Printed in Germany
ISBN 3 407 80045 2

Inhalt

Die Anfänge *9*
Meine Geschichte *20*
Ein Ort der Finsternis *38*
Die Befreiung *69*

Zeittafel zur Verfolgung
der Juden 1933–1945 *81*
Bücher zum Weiterlesen *88*

Ich bin ein Stern

Sterne am Himmel, ein Stern auf der Brust,
Mama, ich weiß, ich hab's längst gewußt,
Kein Zeichen der Schande ist er, mein Stern,
Ich trag ihn mit Stolz, ich trage ihn gern.

Ein Stern als Lohn, der höchste Preis,
So war es immer, ja, Papa, ich weiß.
Es ist mir egal, was die anderen sagen,
Ich will ihn für mich und trotz allen tragen.
                                                Ich bin ein Stern

Wenn sie über mich lachen, wenn sie mich schelten,
für mich soll der Stern etwas anderes gelten.
Sie starren mich an, sie zeigen auf mich,
Sie sind ohne Stern, der Stern bin ich.

Sie sind von Gott, die Sterne der Nacht.
Auch mich, auch mich hat er gemacht.
Weine nicht, Mama, hör mein Versprechen,
Niemand wird meine Seele zerbrechen.
                                                Ich bin ein Stern

Meine Puppe Marlene und ich wanderten zusammen durch diese lange Nacht. Sie war immer an meiner Seite, niemand konnte uns trennen. Wir stützten einander in unserer Angst. Während die Peitschen knallten, hörte ich ihre Schreie. Ich hielt sie im Arm und versuchte mit aller Kraft, sie vor Unheil zu schützen.

Wir erlebten eine Zeit der Gewalt. Wir waren schuldlose Gefangene. Doch auch in der größten Verzweiflung wußte ich immer, daß sie da war.

Wir trösteten uns gegenseitig. Sie war das Kind und ich die Mutter. Mir ging es besser, wenn sie neben mir war, und ich hatte Angst, jemand könnte sie mir aus den Armen reißen. Aber trotz aller Schwierigkeiten haben wir beide überlebt.

Jetzt ist sie abgenutzt, ihre Glieder sind ausgeleiert. Ihre Kleider vom Alter zerschlissen. Sie schaut mich noch immer mit liebevollen Augen an, voller Wärme, unzerstört durch die Zeit.

Ich habe sie sorgfältig verpackt, und nun liegt sie in einer Schachtel. Nur sie kennt meine Geheimnisse und erinnert sich an die vielen Gestern.

Die Anfänge

Ich erinnere mich, daß ich als kleines Kind immer ungeduldig auf meinen Geburtstag gewartet habe. Die Geburtstage waren immer ganz besondere und sehr glückliche Tage. Das heißt, das war so bis zu meinem siebten Geburtstag.

Ich war im Jahre 1942 sieben Jahre alt, als ich mit meinen Eltern in ein Konzentrationslager in der Tschechoslowakei deportiert* wurde. Meine nächsten drei Geburtstage standen im Zeichen eines Alptraums.

Von fünfzehntausend Kindern, die zwischen 1941 und 1945 im Konzentrationslager Theresienstadt in der Tschechoslowakei eingesperrt waren, haben ungefähr hundert überlebt. Ich bin eines von ihnen. Mindestens anderthalb Millionen Kinder wurden von den Nazis ermordet. Die meisten von ihnen nur deshalb, weil sie Juden waren.

Viele Jahre sind seit jenen Ereignissen in meiner Kindheit vergangen, doch manchmal versetzen mich ganz bestimmte Dinge in die Vergangenheit zurück, Dinge wie eine Uniform, hohe schwarze Stiefel oder das Pfeifen einer Eisenbahnlokomotive. Während eines Urlaubs in Kanada weckte der Anblick der alten Festungsmauern in der Stadt Quebec solche Erinnerungen in mir. Die ho-

---

* Deportation: Zwangsverschickung in Ghettos, Konzentrationslager und Vernichtungslager

Die Festungsmauern von Quebec City

Die Festungsmauern von Theresienstadt

hen, roten Backsteinmauern schienen sich um mich zu schließen. Ich hatte Angst. Es war, als wäre ich wieder in der Tschechoslowakei. Das Gestern wurde zum Heute. Das war nicht mehr Quebec, es war Theresienstadt. Und ich war wieder in der Zeit, als der Alptraum begann.

Ich wurde am 31. Dezember 1934 in Kippenheim geboren, einem Dorf in Süddeutschland. Kippenheim liegt am Fuß des Schwarzwalds, nicht weit von den Grenzen zu Frankreich und der Schweiz. Die ungefähr zweitausend Einwohner bestanden aus etwa sechzig jüdischen und fast vierhundertfünfzig katholischen und evangelischen Familien. Meine Familie war nicht reich, aber auch nicht arm. Papa besaß ein Textilgeschäft. Seit mindestens zweihundert Jahren hatten Juden in Kippenheim gelebt. Ich war das letzte jüdische Kind, das dort geboren wurde.

Mein Heimatort Kippenheim

*Die Kippenheimer Synagoge
vor ihrer Zerstörung*

    Die Synagoge, wie man das jüdische Bet- und Versammlungshaus nennt, war das Zentrum unseres Lebens. Ich erinnere mich noch gut, wie schön sie war. Die prachtvollen Kronleuchter zogen immer meine Aufmerksamkeit auf sich. Ich hatte auch jedesmal ein besonderes und seltsames Gefühl, wenn ich Kantor Schwab unsere hebräischen Gebete singen hörte. Die meisten Juden von Kippenheim besuchten den Schabbatgottesdienst am Samstagmorgen. An unseren Feiertagen herrschte immer eine festliche Atmosphäre, und wir trugen unsere besten Kleider. Es war üblich, daß man sich nach dem Besuch der Synagoge gegenseitig besuchte und einen Fremden zu sich nach Hause zum Essen einlud.

Das Innere der Synagoge mit Kantor Schwab

Purim war ein sehr wichtiges Fest für mich, als ich ein kleines Mädchen war. Zeitlich liegt es ganz nahe bei Fastnacht, und die Kinder verkleiden sich auch dabei. Zusammen mit den anderen jüdischen Kindern von Kippenheim, die alle kostümiert waren, gingen wir zu den jüdischen Häusern im Dorf, sangen ein Lied oder sagten ein Gedicht auf und wurden dafür mit Süßigkeiten belohnt.

Purim wird zur Erinnerung an die Rettung der Juden im alten Perserreich gefeiert. Esther, die jüdische Frau des Königs Ahasverus, hatte vom Plan des Großwesirs Hamman erfahren, alle Juden töten zu lassen.

Ein anderer wichtiger Feiertag ist bei Kindern sehr beliebt. Das ist Chanukka, das Weihefest. Es wird im Dezember gefeiert und dauert acht Tage. Das Chanukka-Fest erinnert an den Sieg der Makkabäer über das Seleukidenreich im Jahre 164 v. Chr. und die Wiedereinweihung des Tempels in Jerusalem. Judas Makkabäus fand ein Ölfläschchen, dessen Inhalt reichte, um den siebenarmigen Leuchter im Tempel einen Tag lang brennen zu lassen. Doch ein Wunder geschah, und der Leuchter brannte acht Tage. An diesen acht Feiertagen wird nun

Verkleidete Nachbarkinder an Purim

ein besonderer achtarmiger Chanukkaleuchter verwendet. Jeden Abend wird eine Kerze mehr angezündet, bis alle brennen, und dann bekommen die Kinder Geschenke. Ich war immer sehr glücklich, wenn dieser Feiertag nahte, und wartete voller Vorfreude auf die Geschenke, so wie es christliche Kinder an Weihnachten tun.

Unter der jüdischen Bevölkerung in Kippenheim bestand eine starke Verbundenheit. Wir fühlten uns, als wären wir alle Mitglieder einer weitverzweigten Familie. Viele der christlichen Einwohner im Dorf waren Bauern, während die Juden kleine Läden hatten und mit Textilien oder Vieh handelten. Wir waren eine freundliche Gemeinde, und beide, Christen und Juden, fühlten sich als deutsche Bürger, in Frieden und Krieg.

Papa war im Ersten Weltkrieg Soldat der deutschen Armee gewesen. Er war erst achtzehn Jahre alt, als eine feindliche Kugel seine rechte Schulter traf und ihn schwer verwundete. Für Tapferkeit vor dem Feind und den Dienst an seinem Volk war er mit dem Eisernen Kreuz ausgezeichnet worden.

Ich war das einzige Kind von Berthold und Regina Auerbacher. Papas Familie hatte sich vor ungefähr zweihundert Jahren in Kippenheim niedergelassen.

Die meisten Mitglieder unserer Familie verdienten ihren Lebensunterhalt als Viehhändler, ein Beruf, der in Süddeutschland von vielen Juden ausgeübt wurde. Papas Großvater hatte das große Haus gekauft, in dem Papa und ich geboren worden sind. Es war ein Haus mit einer

*Papa als deutscher Soldat
im Ersten Weltkrieg*

besonderen Geschichte und geschmückt mit einer Tafel mit folgender Inschrift: *Geburtshaus Unseres Großen Wohltäters Johann Georg Stulz von Ortenberg, 1771–1832.* Stulz war ein Schneider gewesen, der in England zu Namen und Reichtum gelangt war.

Es gab auch ein Stulz-Denkmal. Eines meiner Lieblingsspiele als Kind war, um das Denkmal in Kippenheim

Unser Haus in Kippenheim

herumzulaufen, das von allen zärtlich Türmle genannt wurde.

In Kippenheim lebten viele Auerbachers, und wir waren alle miteinander verwandt. Mama war in Jebenhausen geboren worden, einem noch kleineren Dorf etwa zweihundert Kilometer entfernt. Ihr Vater war ebenfalls Viehhändler gewesen. Papas Eltern waren ein paar Jahre vor seiner Hochzeit mit Mama gestorben. Drei seiner verheirateten Schwestern lebten in anderen Teilen Deutschlands, die vierte in Frankreich. Zwei Schwestern hatten je zwei Kinder. Das waren meine älteren Vettern und Kusinen Hella, Werner, Heinz und Lore. Mamas einziger Bruder war ebenfalls verheiratet und lebte ein paar Stunden von uns entfernt.

Berthold Auerbach (eigentlich hieß er Moses Baruch

Meine Großeltern, meine Eltern und ich mit Marlene in Kippenheim (1938)

Auerbacher), ein Mitglied meiner Familie, war im 19. Jahrhundert einer der beliebtesten deutschen Volksschriftsteller gewesen, und seine Geschichten vom Schwarzwald hatten ihn weltbekannt gemacht.

Papa besaß ein großes schwarzes Auto, und ich fuhr sehr gerne damit. Ich fühlte mich als etwas Besonderes, wenn ich neben ihm sitzen durfte. Vor allem liebte ich die langen Fahrten, wenn wir meine Großeltern in Jebenhausen besuchten.

Wir waren eine glückliche Gemeinde in Kippenheim, bis der Frieden unseres ruhigen Dorfes zerstört wurde. Am 9. November 1938 fanden in ganz Deutschland heftige

Krawalle gegen die Juden statt. Dieses Ereignis wurde Kristallnacht genannt und markiert den Beginn des Terrors, der sieben Jahre anhalten sollte und in dem sechs Millionen Juden ermordet wurden.

Ich war damals noch nicht einmal vier Jahre alt.

Meine Geschichte

Ich erinnere mich noch gut an den Novembertag im Jahr 1938, als Papa und Großvater in das Konzentrationslager Dachau geschickt wurden. Es war am Tag nach der sogenannten Kristallnacht. Großmutter und Großvater waren gerade bei uns in Kippenheim zu Besuch und erlebten zusammen mit uns den unvergeßlichen Schrecken.

Es war ein kalter Morgen. Großvater war früh aufgestanden, um am Morgengottesdienst in der Synagoge teilzunehmen. Wir anderen wurden aus unserem friedlichen Schlaf durch ein lautes Klopfen an der Haustür geweckt. Es war die Polizei. Sie brachten eine Vorladung für meinen Vater, er solle sich sofort im Rathaus melden. »Alle jüdischen Männer sind jetzt verhaftet«, sagten sie. Großvater war in der Synagoge von seinen Gebeten weggerissen und festgenommen worden, und zusammen mit allen anderen jüdischen Männern aus Kippenheim wurden Papa und Großvater mit dem Zug in das Konzentrationslager Dachau gebracht.

Sie erzählten uns später, wie sie durch das Tor mit der verlogenen Aufschrift »Arbeit macht frei« gehen mußten. Doch Dachau war kein Arbeitslager, sondern ein Ort der Folter und der Qual. Die Gefangenen mußten alle ihre Sachen ausziehen und von nun an die blau-weiß gestreifte Konzentrationslagerkleidung tragen. Papa und Großvater wurden in der Baracke 16 untergebracht, wo

Über den Eingangstoren zu den Konzentrationslagern – wie hier in Theresienstadt – die Aufschrift: »Arbeit macht frei«

sie zusammengedrängt mit vielen anderen auf Strohmatratzen auf dem Fußboden schliefen.

Jeden Morgen mußten sie zum Appell erscheinen und in der schlafanzugähnlichen Uniform stundenlang in der bitteren Kälte stillstehen. Wenn ein Häftling auch nur versuchte, sich während des Appells die Nase zu putzen, wurde er angeschrien, geschlagen oder mit eiskaltem Wasser abgespritzt. Auch Papa mußte das einmal erleiden.

In Kippenheim waren nur die Frauen und Kinder der jüdischen Familien zurückgeblieben. Sie waren schutzlos den Steinwürfen der randalierenden jungen Burschen und Männer ausgeliefert, die an diesem schrecklichen Tag wild schreiend durch die Straßen rannten. Nicht ein jüdisches Haus blieb unberührt.

Ich erinnere mich genau an das Geräusch von splitterndem Glas. Mama und unser christliches Dienstmädchen liefen ins Wohnzimmer, um zu sehen, was passiert war. Neugierig folgte ich ihnen. Überall auf dem Fußboden lag zerbrochenes Glas. Als das Dienstmädchen die Verwüstung sah, bekam sie Angst und verließ rennend unser Haus.

Wir hörten, wie einer der jungen Rowdys sagte: »Der Kronleuchter hängt noch. Los, den müssen wir kriegen!« Auch als sie ihr Ziel getroffen hatten, hörten sie nicht auf. Ein großer Ziegelstein flog durch das bereits zerbrochene Fenster dicht an meinem Kopf vorbei. Mama hatte mich gerade noch rechtzeitig weggezogen. Sie spähte aus dem Fenster und sah voller Entsetzen, daß die Gesetzestafeln mit den Zehn Geboten von der Spitze unserer Synagoge geworfen wurden. Mama und Großmutter packten mich an der Hand, wir flohen aus dem Haus und suchten Sicherheit in der Scheune im Hinterhof.

Draußen war überall lautes Getöse. Wir hörten, wie an das große Hoftor gehämmert wurde, und fürchteten, der Mob würde das Tor aufbrechen und uns finden. In der Dunkelheit der Scheune drängten wir uns dicht aneinander. Plötzlich wurde es still. Wir warteten noch einige Stunden in unserem Versteck. Erst als es dunkel war, verließen wir die Scheune und verbrachten die Nacht im Haus jüdischer Nachbarn. Auch dort war alles mit Glasscherben übersät.

Ein Mitglied der SA, der Sturmabteilung, klopfte am

frühen Morgen an die Tür. »Hier sind die Kragen und Krawatten von euren Männern«, sagte er. Mama bekam fürchterliche Angst und fragte: »Leben sie noch?« Der SA-Mann antwortete: »Das weiß doch ich nicht.«

Angst und Trauer erfaßte die verzweifelten Frauen. Mama und Großmutter beschlossen, in unser Haus zurückzugehen. Die Synagoge war schwer zerstört, alle Schaufensterscheiben von jüdischen Geschäften waren zerbrochen. Der Sturm war vorbei, doch eine unheimliche Stille lag über allem. Keiner unserer christlichen Bekannten zeigte Mitleid mit unserer schrecklichen Lage.

Alle Fenster mußten mit Brettern vernagelt werden, um den kalten Novemberwind abzuhalten. Die Läden waren geschlossen. Das zerbrochene Glas wurde sorgfältig entfernt, und die neuen Fenster mußten von den jüdischen Hausbesitzern selbst bezahlt werden.

Wie dankbar waren wir, als Vater und Großvater ein paar Wochen später wieder nach Hause kamen. Sie sprachen nur leise darüber, wie sie dort, an diesem schrecklichen Ort, geschlagen und mißhandelt worden waren. »Das Kind soll solche Sachen nicht hören.« Bald danach wurde Papa sein Textilgeschäft weggenommen.

Es war Zeit, Deutschland zu verlassen. Aber wo hätten wir hingehen sollen? Die meisten Länder der freien Welt hatten ihre Tore vor uns verschlossen. Im Mai 1939 packten wir unsere Sachen und verkauften unser Haus. Wir

Das Haus meiner Großeltern in Jebenhausen

Ich mit den Großeltern und meinem Lieblingsspielzeug (1940)

Großmutter, Mama und ich an Großvaters Grab (1940)

verließen das Dorf und zogen zu meinen Großeltern nach Jebenhausen. Dieser Aufenthalt sollte nur vorübergehend sein, denn wir hofften noch immer, einen Weg zu finden, Deutschland zu verlassen. Großvater starb bald an gebrochenem Herzen. Seine Krankheit und die Enttäuschung über das Land, das er liebte, waren zu viel für ihn.

Trotz allem, was passiert ist, gehen einige meiner glücklichsten Kindheitserinnerungen auf die zwei Jahre zurück, die wir in Jebenhausen verbracht haben. Meine Großeltern und wir waren die einzige jüdische Familie, die noch in diesem Dorf von ungefähr zwölfhundert Einwohnern geblieben war. Die Kinder waren freundlich zu

Ich mit meiner Freundin in Jebenhausen. Marlene war immer dabei (1940)

mir und gaben mir nie das Gefühl, abgelehnt zu werden. Ich wurde zu ihrer Anführerin, wenn wir durch die Straßen zogen und die Schlager jener Zeit sangen, die oft voller Nazipropaganda steckten. Der damalige Wahnsinn war ansteckend. In unserer kindlichen Unschuld verstanden wir die Bedeutung dieser Lieder nicht.

Ich erinnere mich an die besonderen Vorbereitungen für Schabbat und unsere Feiertage. Der jüdische Schabbat fängt freitags mit dem Sonnenuntergang an und endet am Samstagabend. Schabbat ist ein Tag der Ruhe und des Gebets, und Freunde und Bekannte besuchen einander.

Großmutter und ihr Dienstmädchen Therese bemühten sich immer sehr, daß das Haus am Schabbat gründlich sauber war. Sie bereiteten mindestens zwei Kuchen vor und aus dem gleichen Teig außerdem zwei »Barches«. Das ist ein besonderes Weißbrot, ein mohnbestreuter Zopf, der an Schabbat und anderen Feiertagen gegessen wird. Da es im Haus keine Möglichkeit gab, Kuchen und Brot zu backen, mußten sie zum Bäcker gebracht werden. Ich erinnere mich, daß ich jeden Freitag einen Kuchen in meiner eigenen kleinen Kuchenform backen durfte. Stolz half ich, die Kuchen und das Brot die Straße hinunter zur Bäckerei Veil zu tragen.

Nachmittags wurde eine große Menge Wasser heiß gemacht. Wir badeten alle nacheinander in einer kleinen Wanne in der Küche. Danach zogen wir unsere Schabbatkleidung an.

Der Tisch war prächtig gedeckt mit einer weißen Damastdecke und dem besten Geschirr und dem Silberbesteck meiner Großmutter. Am oberen Tischende standen zwei Kerzenständer, und bevor es dunkel wurde, zündete Großmutter die Kerzen an und sprach ein Gebet. Ihr Gesicht schien in dem warmen Licht der Flammen noch schöner zu werden. Papa und Mama legten nacheinander ihre Hände auf meinen Kopf und segneten mich. Ich küßte meine Eltern und Großeltern, und wir alle sagten »Gut Schabbes« zueinander. Großvater hob das bestickte Deckchen hoch, das die Barches bedeckte, schnitt ein Stück ab, bestreute es mit Salz und sagte den Segen für Brot. Dann bekamen wir auch ein kleines Stück und wiederholten seine Worte. Er hob einen silbernen Kelch, sagte den Segen für Wein und trank. Auch wir bekamen einen Schluck und sprachen seine Worte nach. Dann wurde Hühnersuppe mit Nudeln hereingebracht, und Großmutter sagte »Mahlzeit«. Das Hauptgericht bestand üblicherweise aus Rindfleisch mit frisch geriebenem Meerrettich, Kartoffelsalat und grünem Salat.

Da die Religion den Juden verbietet, an Schabbat zu fahren, gingen wir zu Fuß nach Göppingen, um dort am Gottesdienst in einem jüdischen Haus teilzunehmen, das nun als Synagoge diente. Die große Synagoge in Göppingen war in der Kristallnacht zerstört worden.

Obwohl in Jebenhausen nur wenig vom Antisemitismus zu spüren war, hatten meine Großeltern die religiösen Bräuche immer nur vorsichtig ausgeübt. In der jüdischen Religion wird an Sukkot, dem Laubhüttenfest, an die vierzig Jahre dauernde Wanderung von Moses mit den Juden durch die Wüste erinnert. An diesem Fest wird eine symbolische Hütte, eine Sukka, aus Schilfrohr, Zweigen und Gras errichtet. Das Innere der Hütte wird mit bunten Ornamenten, Früchten, Gemüse und Herbstblumen geschmückt. Im Haus meines Großvaters wurde das Dach einer Mansarde abgetragen und das Zimmer in eine Sukka verwandelt. Obwohl von außen nichts zu sehen war, wagten wir nach dem Tod meines Großvaters nicht mehr, dieses Fest in der Sukka zu feiern, auch nicht auf diese heimliche Art.

Jeden Tag wurden neue einschränkende Bestimmungen erlassen. Juden mußten alles Gold und Silber abliefern. Sie mußten ihrem Namen den Vornamen Israel oder Sara hinzufügen. Ich hieß danach Inge Sara Auerbacher. Einige Bewohner von Jebenhausen ließen sich von diesen antisemitischen Gesetzen nicht abschrecken und hielten an ihrer Freundschaft mit uns fest, obwohl den Christen der Umgang mit Juden verboten war. Einige Bauern versorgten uns auch weiterhin mit Lebensmitteln.

Unsere geliebte christliche Freundin Therese, die über zwanzig Jahre lang als Dienstmädchen im Haus meiner Großeltern gearbeitet hatte, stellte nachts Essen hinter den Grabstein meines Großvaters, damit wir es uns morgens holen konnten. Es gelang ihr auch, einige unserer Besitztümer bis nach dem Krieg aufzuheben, unter anderem zwei Alben mit Familienfotos und einige Gebetbücher. Die Bilder in diesem Buch gehören zu dem, was sie für uns aufbewahrt hat. Die Leute, die uns halfen, riskierten dadurch ihr Leben. Sie bewiesen sehr viel Mut.

Jüdische Kinder durften normale Schulen nicht mehr besuchen. Ich mußte zu Fuß drei Kilometer nach Göppingen gehen und dann eine Stunde mit dem Zug nach Stuttgart zur Schule fahren. Das war die einzige jüdische Schule in der Gegend. Für diese Fahrt brauchte ich eine Sondererlaubnis, denn Juden durften sich nicht mehr frei bewegen.

Die Fahrt zur Schule wurde noch gefährlicher, als ab dem 1. September 1941 alle Juden den gelben Davidstern als Kennzeichen an ihrer Kleidung tragen mußten. Auf dem Stern stand das Wort »Jude« in nachgemachten hebräischen Buchstaben. Papa sagte mir, ich solle mich im Zug so hinsetzen, daß ich wie zufällig den gelben Stern verdeckte, obwohl es streng verboten war, das »Zeichen der Schande« zu verbergen. Das gelang mir nicht immer, und die anderen Kinder verhöhnten und piesackten mich. Einigen Menschen tat ich jedoch leid. Eines Tages ließ eine Frau eine Tüte mit Brötchen neben meinem Sitz liegen. Sie muß Mitleid mit dem kleinen, sechsjährigen jüdischen Mädchen gehabt haben, das ganz allein eine so lange Fahrt zurücklegen mußte.

Der gelbe Davidstern, den alle Juden tragen mußten

Eines Morgens bemerkte ich eine Gruppe ärmlich gekleideter Männer im Zug. Sie wurden von einem deutschen Soldaten bewacht und müssen Kriegsgefangene gewesen sein, die zur Zwangsarbeit gebracht wurden. Ich war neugierig und versuchte, ihren Gesprächen zu-

zuhören. Sie sprachen eine fremde Sprache, und ich verstand kein Wort. Der Bewacher öffnete ein Eßgeschirr und reichte es dem Gefangenen neben ihm, der sofort einen Löffelvoll daraus nahm. Das Eßgeschirr machte die Runde unter den anderen Gefangenen. Jeder nahm seinen Teil. Die Männer sahen dünn aus und schienen sehr hungrig zu sein. Sie taten mir leid, und ich fragte mich, wohin sie wohl fuhren und welche Arbeit sie verrichten mußten.

Die »Endlösung«, der Plan der Nazis, alle Juden in Europa zu vernichten, begann für uns 1941. Gerüchte über unsere »Umsiedlung« waren Tagesgespräch. Viele Juden machten verzweifelte Anstrengungen, Deutschland im letzten Moment zu verlassen, doch vergeblich. Alle Grenzen waren uns verschlossen.

Die Deportationen nach dem »Osten« begannen Ende 1941. Eines Morgens bekamen meine Großmutter, meine Eltern und ich den Transportbefehl. Vater war Kriegsversehrter des Ersten Weltkriegs und benutzte diese Tatsache für die Bitte, daß wir verschont würden. Für uns gelang es ihm, doch meiner Großmutter konnten wir nicht helfen. Sie und die meisten meiner Klassenkameraden wurden nach Riga in Lettland deportiert.

Ich werde nie den tränenreichen Abschied vergessen, als wir Großmutter nachschauten, wie sie die Stufen des Stuttgarter Bahnhofs hinunterging, bis sie unseren Blicken entschwunden war. Ich sah sie nie wieder. Fast alle dieser unglücklichen Menschen wurde Opfer der »Einsatzgruppen« in einem Wald bei Riga. Sie mußten sich ihre eigenen Gräber graben, bevor sie erschossen wurden.

Wir mußten das Haus meiner Großeltern in Jebenhausen verlassen und wurden in einem der »Judenhäuser« in Göppingen einquartiert. Meine Eltern mußten für einen sehr geringen Lohn in einer Korsettfabrik arbeiten. Meine Schule in Stuttgart wurde geschlossen, bevor ich die erste Klasse beenden konnte.
1941 bekamen wir den Schrecken des Krieges täglich zu spüren. Nachts wurden wir oft vom Heulen der Sirenen geweckt, die mich immer sehr erschreckten. Die

Kinder aus den »Judenhäusern« in Göppingen. Nur ich (mit der gestreiften Mütze) habe den Krieg überlebt

meisten Bomben der Alliierten* fielen damals jedoch weit entfernt von dort, wo wir lebten.

Schließlich waren auch wir dran. Am 22. August 1942 wurden wir deportiert. Es gab keine Möglichkeit mehr, dem Transport zu entkommen. Ich war nun die Nummer XIII-1-408, eine Person ohne Staatsbürgerschaft. Wir packten unsere wenigen Habseligkeiten zusammen und folgten den sehr genauen Anweisungen, die wir erhalten hatten. Alles Geld wurde uns abgenommen. Die Polizei kam in die Wohnung. Mama wurde befohlen, die Schlüssel auf dem Eßtisch zu hinterlassen. Dann sagte der Beamte: »Jetzt können Sie gehen.«

Wir wurden in der Turnhalle der Schillerschule in Göppingen zusammengepfercht und durchsucht. Meine größte Angst war, daß mir ein SS-Mann meine Puppe Marlene abnehmen würde. Sie war ein Geschenk meiner Großmutter, das einzige Erinnerungsstück, das ich an sie hatte. Die Beamten zogen Marlenes Kopf hoch, um zu sehen, ob irgendwelche Wertsachen in ihrem hohlen Körper versteckt wären, doch schließlich ließen sie mir die Puppe. Mit einem hölzernen Anstecker hatte ich jedoch nicht soviel Glück. Ein SS-Offizier fand Gefallen daran und riß ihn mir ab. »Das brauchst du dort nicht mehr, wo du hingehst«, schrie er mich an. Den hölzernen Holländerjungen hatte mir Mama geschenkt und liebevoll

---

* Die im 1. und 2. Weltkrieg gegen Deutschland verbündeten Staaten

angesteckt. Ich wehrte mich, doch die klauenartigen Hände des ungeduldigen Mannes waren stärker. Wußte er, wo ich hingebracht werden sollte? Ich grüble oft, wer diesen Anstecker wohl bekommen hat. Hätte sich ein anderes Mädchen wohl darüber gefreut, wenn sie von mir gewußt hätte? Oder war dieses Stück meiner Vergangenheit einfach weggeworfen worden?

Von Göppingen wurden wir nach Stuttgart gebracht, wo sich der Hauptsammelplatz für Juden befand, die deportiert werden sollten. Ich war die Jüngste von den fast zwölfhundert Menschen dieser Gruppe. Wir waren in einer großen Halle am Killesberg untergebracht, in der normalerweise Blumenausstellungen stattfanden. Zwei Tage schliefen wir dort auf dem nackten Fußboden.

Früh am Morgen wurden wir mit Lastwagen zu dem wartenden Zug im Stuttgarter Bahnhof gebracht. Wir wurden eng zusammengedrängt. Bewacher versiegelten den Zug und fuhren mit uns mit, um sicher zu sein, daß niemand entkäme. Wir fragten uns, ob wir unser Zuhause je wiedersehen würden. Je weiter der Zug nach Osten fuhr, desto mehr veränderte sich die Landschaft und wurde immer weniger vertraut. Die Bahnhöfe trugen seltsam klingende Namen, und die Buchstaben hatten fremdartige Betonungszeichen. Wir hatten schon fast unseren ganzen Proviant aufgegessen, den wir hatten mitnehmen dürfen. Doch weiteres Essen wurde nicht verteilt, außer

BEZIRKSSTELLE WÜRTTEMBERG
der ~~Reichsvereinigung~~ der Juden in ~~Deutschland~~

Rdschr.Nr. 107   Stuttgart, den 14. August 1942
Mx/L   Hospitalstr. 36
                                    9055
                   ~~Fernsprecher~~ 295 31 und
                                    242 41

~~Herrn/Frau/Fräulein~~   Ihre Transportnummer:
Berthold Auerbacher   Bitte genau beachten!
Göppingen, Metzgerstr. 16

und Kinder   Inge Auerbacher

Anlagen:

Betrifft: Abwanderung

1.) Auf Anordnung der Geheimen Staatspolizei, Staatspolizeileitstelle Stuttgart, haben wir Sie davon zu verständigen, dass Sie und Ihre obenbezeichneten Kinder zu einem Abwanderungstransport eingeteilt worden sind.

2.) Der Abtransport in Stuttgart findet voraussichtlich am Samstag, den 22. August 1942 statt.

   Jeder Versuch, sich der Abwanderung zu widersetzen oder sich zu entziehen ist zwecklos und zieht schwerwiegende staatspolizeiliche Massnahmen nach sich.

   Körperliche und geistige Gebrechen, ganz gleich welcher Art, können eine Befreiung von der Abwanderung nicht bewirken. Von der Einsendung ärztlicher Zeugnisse bitten wir daher abzusehen.

3.) Anzug:
   Vollständige Bekleidung und gutes Schuhwerk. Statt Hüten möglichst Mützen oder Kopftücher.

4.) Handgepäck:
   Zugelassen ist für jeden Transportteilnehmer ein Handkoffer o d e r ein Rucksack (also nicht beides zugleich). Ausserdem dürfen noch zwei Wolldecken (oder eine Steppdecke) und dazu ein Kopfkissen mitgeführt werden. Diese Gepäckstücke müssen aber fest verschnürt werden. Umhängen oder Aufschnallen empfiehlt sich. Das Gesamtgepäck darf keinesfalls schwerer gehalten sein, als dass es von einer Person in normalem Kräftezustand selbst getragen werden kann.

5.) Für die Reise ist Mundvorrat für 2 bis 3 Tage mitzunehmen. Dieser ist entweder in dem zugelassenen Gepäck zu verstauen oder in einem Brotbeutel, einer Aktentasche, einem Netz oder einer kleinen Handtasche mitzuführen.

Die erste Seite von meinem Transportbefehl: Inge Auerbacher Nr. 408

Meine Kennkarte mit dem Buchstaben »J« für Jude. Sie wurde am Tag der Deportation ins Konzentrationslager abgestempelt: Umgesiedelt 22. 8. 42

ein bißchen Wasser. Ich hatte Angst, war verschreckt, und der Bauch tat mir weh.

Zwei Tage später beendeten laute Rufe unsere Fahrt. Wir kamen am Bahnhof von Bohušovice an. »Alles wegwerfen, außer der Bettrolle und dem Eßgeschirr – los,

Ankunft in Bohušovice, und der Fußmarsch nach Theresienstadt

marschieren, kein Widerstand!« Wachleute mit Peitschen und Gewehren umringten uns. Wir waren alle müde und hatten Angst. Ein paar alte Leute, die nicht mehr so gut auf den Beinen waren, stürzten. Ihre Hilfeschreie erfüllten die Luft. Viele von ihnen starben auf dem Weg. Meine Eltern gingen jeder auf einer Seite von mir, um mich vor Schlägen zu schützen. Ich hielt meine Puppe fest im Arm. Wir gingen ungefähr drei Kilometer und wurden durch einen Bogeneingang in eine große Kaserne getrieben. Dann waren hohe Mauern um uns.

Ein Ort der Finsternis

Unser Ziel war Theresienstadt, ein Konzentrationslager in der Tschechoslowakei, ungefähr sechzig Kilometer nördlich von Prag. Theresienstadt war 1780 von dem Habsburger Kaiser Joseph II. im Angedenken an seine Mutter, die Kaiserin Maria Theresia, erbaut worden. Die Garnison war von den Militärs in den achtziger Jahren des vorigen Jahrhunderts verlassen worden, und Zivilisten hatten sich in ihr niedergelassen. Sie befand sich inzwischen in einem sehr schlechten Zustand.

Am 10. Oktober 1941 hatten Reinhard Heydrich, Adolf Eichmann und andere hochrangige Nazigrößen Theresienstadt als Durchgangslager für Juden vor ihrer Vernichtung im Osten bestimmt. Die Nazis tarnten das Lager für Propagandazwecke als »Musterghetto«. Die ersten Juden, die im November 1941 dort hingeschickt wurden, stammten aus der Tschechoslowakei. Ihnen folgten ältere Leute aus Deutschland und Österreich, von denen man annahm, sie würden ohnehin nicht mehr lange leben. Unter ihnen waren viele prominente Ärzte und Rechtsanwälte, mit Orden ausgezeichnete Kriegsteilnehmer aus dem Ersten Weltkrieg und bekannte jüdische Führer wie der Rabbiner Leo Baeck aus Deutschland. Ihre sofortige Deportation zu den Vernichtungslagern im Osten hätte Verdacht hervorgerufen. Schließlich kamen in Theresienstadt Juden jeden Alters

Theresienstadt

an, aus Österreich, den Niederlanden, Dänemark und anderen europäischen Ländern, auch Menschen aus gemischten christlich-jüdischen Familien.

Ich erinnere mich an einen Transport von mindestens tausend Kindern aus Polen im Sommer 1943. Sie waren in Lumpen gekleidet und alle sehr abgemagert und schmutzig, viele von ihnen waren krank. Die SS befahl ihnen, in einem bestimmten Teil von Theresienstadt in Quarantäne zu bleiben. Gerüchte verbreiteten, daß sie aus Bialystok in Polen kämen, wo sie hätten zusehen müssen, wie man ihre Eltern vor ihren Augen erschoß. Kurze Zeit später wurden sie in die Gaskammern in Auschwitz geschickt.

Theresienstadt bestand aus riesigen Backsteinkasernen, unterirdischen Zellen und alten, halbzerfallenen Häusern. Es war von der Außenwelt durch hohe Mauern, tiefe, wassergefüllte Gräben, Holzzäune und Stacheldraht völlig abgeschlossen. Die Verbindung nach draußen durch Radio, Telefon und Zeitungen war streng verboten. Bei seltenen Gelegenheiten sickerten jedoch Bruchstücke von Kriegsnachrichten ins Lager. Diese Gerüchte wurden »Latrinengespräche« genannt, weil die Gefangenen auf der Latrine, also auf der Toilette, Nachrichten austauschten. Die Geschichten veränderten sich oft in ihrem Inhalt, während sie sich im Lager verbreiteten.

Obwohl es verboten war, Kinder auf die Welt zu bringen, wurden doch einige hundert Kinder in den drei Jahren geboren, in denen ich in Theresienstadt war. Dieses Gesetz zu brechen bedeutete für beide, Mutter und Kind, normalerweise die sofortige Deportation in den Osten. Trotzdem hat wunderbarerweise eine Handvoll dieser Babys den Krieg und Theresienstadt überlebt.

Theresienstadt war ursprünglich für 7000 Menschen erbaut worden, doch manchmal wurden im Lager 60000 Gefangene zusammengepfercht. Ein jüdischer Ältestenrat wurde eingesetzt, der die Verwaltung der internen Angelegenheiten regelte. Vorsitzender dieser Gruppe war der »Judenälteste«. Die wichtigste Aufgabe dieses Rates bestand darin, nach den Anweisungen der SS die Listen von Häftlingen für die Deportationen in den Osten zusammenzustellen. Theresienstadt stand unter der absoluten Herrschaft eines SS-Kommandanten. Zwischen 1941 und 1945 sind insgesamt 140 000 Menschen nach Theresienstadt geschickt worden; 88 000 von ihnen wurden in die Vernichtungslager im Osten deportiert; 35 000 starben in Theresienstadt an Unterernährung und Krankheit.

Nicht weit von dem großen Lager, in dem ich war, befand sich auf der anderen Seite des Flüßchens Ohře ein kleines Lager, das »Kleine Festung« genannt wurde und ebenfalls zum Komplex Theresienstadt gehörte. Es war jedoch ein Militärgefängnis und hatte einen eigenen SS-Kommandanten. Außerdem diente es als Ort für Sonderstrafen wegen irgendwelcher Verfehlungen, die wir im großen Lager begingen. Unsere Verbrechen bestanden zum Beispiel darin, daß wir Kartoffeln stahlen oder

Gefängnisblocks in der Kleinen Festung

die Lebensbedingungen, wie sie »wirklich« waren, aufzeichneten. Die Kleine Festung verfügte über Einzelhaftzellen und einen Schießplatz. Es war ein schrecklicher Ort, der genauso gefürchtet wurde wie die Deportation nach dem Osten.

Theresienstadt war grausam. Die unmenschlichen Bedingungen brachten die niedrigsten und in anderen Fällen auch die edelsten menschlichen Verhaltensweisen zum Ausbruch. Hunger macht Menschen selbstsüchtig und reizbar.

Nach unserer Ankunft in Theresienstadt mußten wir durch die »Schleuse« in einer unterirdischen Zelle, wo wir bei einer Körperkontrolle nach versteckten Wertsachen abgesucht wurden. Nach dieser Durchsuchung wurden wir ins Dachgeschoß der Dresdner Kaserne gebracht, einer besonders großen Militärbaracke aus Backstein mit Exerzierplätzen und gähnenden Torbogen. Dort fand uns der »Engel in der Hölle«, Frau Rinder, eine Tschechin, auf dem nackten Steinboden liegend. Sie fragte, ob in dem neu angekommenen Transport ein Kind sei. Finger deuteten auf mich.

Hunderte von Menschen irrten hoffnungslos in diesen dunklen, stickigen Räumen umher. Sie stolperten über die Toten, die mit Tüchern zugedeckt waren, und verloren sich in der Masse der Neuangekommenen. Frau Rinder war schon längere Zeit mit ihrem Mann und ihrem kleinen Sohn Tommy in Theresienstadt. Diese gütige Frau, die wir vorher gar nicht gekannt hatten, gab mir eine Matratze, indem sie die ihres Sohnes halbierte. Herr Rinder hatte das Glück, in einer der Lagerküchen zu arbeiten, und konnte deshalb manchmal etwas von dem Essen, das er zusätzlich bekam, mit uns teilen. Eine tiefe Freundschaft entstand zwischen uns, bis zum Herbst 1944, als die ganze Familie Rinder nach Auschwitz deportiert wurde, zum Tod in den Gaskammern.

Unter diesen schrecklichen Bedingungen verloren manche Leute ihren Lebenswillen und brachten sich um. Einige Tage nach unserer Ankunft in Theresienstadt sah mein Vater einen Mann, der aus einer Dachluke der Dresdner Kaserne springen wollte. Papa gelang es, ihn an den Beinen zu packen und zurückzuziehen. Zu seiner Überraschung handelte es sich um einen alten Mann aus unserem Transport. Papa redete ihm ermutigend zu und nahm ihm das Versprechen ab, dies nicht wieder zu tun. Am nächsten Morgen lag ein zerschmetterter Körper leblos im Hof der Kaserne. Es war der alte Mann.

Bald nach unserer Ankunft wurden wir in andere Wohnbereiche umquartiert. Meistens wurden die Männer, Frauen und Kinder in getrennten Unterkünften untergebracht. Ich konnte glücklicherweise bei meinen Eltern im Quartier der Kriegsversehrten aus dem letzten Krieg bleiben. Besonders für Kinder war das Leben extrem hart und fremd. Wir schliefen auf dem Fußboden oder, wenn wir Glück hatten, auf Strohsäcken, eng zusammengepfercht auf zwei- oder dreistöckigen Pritschen. Die

Schlafquartiere in Theresienstadt

Luft in den Räumen war schlecht und stickig im Sommer und eiskalt im Winter.

Wir wurden schnell erwachsen und selbständig. Die wichtigsten Wörter in unserem Sprachschatz waren: Brot, Kartoffeln und Suppe. Das ganze Leben drehte sich um Essen. Unsere knurrenden Mägen erinnerten uns ständig an unsere gegenwärtige Lage. Wir sehnten uns nach unseren Freunden zu Hause, nach den Spielsachen, die wir hatten zurücklassen müssen, nach einem weichen Bett und all den anderen, früher so selbstverständlichen Bequemlichkeiten.

Wir hatten nur wenige Spielsachen im Lager, da uns fast alle unsere Habseligkeiten bei der Ankunft abgenommen worden waren. Wir erfanden unsere eigenen Spiele und mußten uns dabei auf unsere Phantasie verlassen. Wir spielten, wer sich die üppigste Mahlzeit ausdenken konnte, die wir essen würden, wenn all das vorbei war. Berge von süßer Schlagsahne gab es da, gigantische Kuchen mit riesigen Erdbeeren. Und wir würden den ganzen Tag Schokolade und andere Süßigkeiten essen.

Unser Spielplatz war ein faulig riechender Abfallhaufen. Hier wühlten wir stundenlang herum, wateten knietief durch die weggeworfenen Sachen und hofften, einen Schatz zu finden. Manchmal hatten wir Glück und entdeckten ein Stück Schnur oder eine halbverfaulte Rübe, bei der man die verdorbenen Teile abschneiden und noch einen kleinen eßbaren Schnitz übrigbehalten konnte.

Ständig wurden Menschen nach dem Osten deportiert, auch viele Kinder. Einige ihrer Besitztümer fanden den Weg zu den Abfallhaufen, denn sie mußten fast alles zurücklassen, bevor sie die Güterzüge bestiegen, die sie zu den Gaskammern von Auschwitz brachten. Einmal fand ich eine Puppe ohne Arme und Beine. Ich war mir sicher, daß diese Puppe nicht wegen ihres armseligen Zustandes weggeworfen worden war. Bestimmt hatte man das Mädchen gezwungen, ihren kostbaren Schatz zurückzulassen. Ich war traurig, als ich an das Mädchen dachte, die sich von ihrem Spielzeug hatte trennen müssen. Ich fühlte mich schuldig, daß ich nun ihre Puppe besaß. Zum Glück hatte ich ja noch meine eigene Puppe, Marlene. Eine von Mamas Freundinnen nähte einen Rucksack für sie. Ich stopfte ihre wenigen Kleider hinein und hängte ihn ihr über die Schultern, genauso, wie ich es bei den Erwachsenen gesehen hatte. Marlene würde zum Transport bereit sein, so wie jeder andere auch.

Eine meiner Freundinnen besaß ein tschechisches Brettspiel. Keiner von uns verstand die fremden Worte der Spielanleitung. Ich fand Gefallen daran und mußte es einfach haben. Ich erinnere mich nicht mehr, gegen was ich es bei ihr eintauschte, aber endlich besaß ich dieses kostbare Spiel. Ich erfand meine eigenen Spielregeln dafür. Wenn man das Spiel zusammenlegte, waren beide Rückseiten leer. Papa nutzte das und malte mit einem Bleistift auf eine Seite ein Mühlespiel, auf die andere ein Damebrett. Ich war begeistert, daß ich jetzt drei Spiele hatte. Ich sammelte nun eifrig schwarze und weiße Knöpfe, die ich von weggeworfenen, schmutzigen Kleidern abriß, und benutzte sie als Spielsteine.

Wir veranstalteten Wettkämpfe, wer am geschicktesten die meisten Flöhe und Wanzen fangen konnte. Wer kletterte am schnellsten die Stockbetten bis oben hinauf? Wer war am dünnsten und konnte die größte Anzahl sichtbarer Rippen vorweisen?

Unsere Eltern wurden böse, wenn wir herumrannten. Sie ermahnten uns immer wieder, unsere Kräfte nicht sinnlos zu vergeuden und auf unsere Schuhe aufzupassen.

Wenn wir an einem Leichenhaufen vorbeikamen, wandten wir uns ab, sangen ein Lied und versuchten so zu tun, als wäre das alles nur ein Alptraum. Wir hofften, daß

Gott uns nicht vergessen würde, wenn er seine Besitztümer im Himmel und auf Erden zählte, genau wie in dem deutschen Volkslied:

> »Weißt du, wieviel Sternlein stehen
> an dem blauen Himmelszelt?
> Weißt du, wieviel Wolken ziehen
> weithin über alle Welt?
> Gott, der Herr, hat sie gezählet,
> daß ihm auch nicht eines fehlet,
> an der ganzen, großen Zahl,
> an der ganzen, großen Zahl.«

Wenn ich aus dem Zimmer schaute, konnte ich hoch oben unter einem Firstbalken Vögel sehen, die dort ihr Nest gebaut hatten. Wie ich sie beneidete! Sie konnten von all dem Elend davonfliegen, während ich eingeschlossen blieb.

Dreimal am Tag mußten wir mit unserem Blechgeschirr in den Händen anstehen, um unsere Essensration aus den Gemeinschaftsküchen in Empfang zu nehmen.

Die meisten Küchen befanden sich in den offenen Höfen der riesigen Kasernen. Die Warteschlangen waren immer sehr lang. Besonders im Winter war es schlimm, wenn man in der bitteren Kälte warten mußte. Das Frühstück bestand aus Kaffee, einer schlammigen Brühe, die schrecklich schmeckte. Zum Mittagessen gab es eine

*Schlangestehen
bei der Essensverteilung
in Theresienstadt*

Wassersuppe, eine Kartoffel, eine kleine Portion Rüben oder sogenannte Fleischsoße. Das Abendessen bestand wieder aus Suppe. Bis die Leute die Kessel erreicht hatten, aus denen das Essen ausgeteilt wurde, waren sie so hungrig und erschöpft, daß sie ihre Portion sofort hinunterschlangen.

Suppe war unser Hauptnahrungsmittel. Sie kam in vielen Variationen, dick, dünn, mit und ohne Geschmack. Manchmal war es eine trübe Flüssigkeit, nur mit Kümmel gewürzt. Suppe bedeutete Leben. Genug Suppe füllte den Magen und stillte den nagenden, schmerzhaften Hunger. Ich verschlang sie, auch wenn sie schlecht schmeckte. Die Menschen kämpften um die Suppe. Sie schoben und drängten sich, um eine zusätzliche Portion zu bekommen. Manchmal stolperte jemand, und Suppe spritzte über die Kleider. Einige der Suppenkessel waren sehr hoch, und die Leute beugten sich hinein, um die Suppenreste bis zum letzten Tropfen auszulöffeln, auch auf die Gefahr hin, in den Kessel zu fallen.

Ich erinnere mich, daß Mama auf unserem wöchentlichen Brotlaib ein Zeichen für jeden Tag einritzte, um sicherzustellen, daß uns auch genug Brot für die ganze Woche blieb. Das war oft schwierig. Wenn der Hunger zu weh tat, schnitt sie mit schlechtem Gewissen ein kleines Stück in die Brotration des nächsten Tages hinein.

Geburtstage waren eine ganz besondere Herausforderung, und wir versuchten, immer etwas Besonderes daraus zu machen. In einem Jahr bekam ich einen Kartoffelkuchen, so groß wie meine Handfläche, aus einer zerdrückten Kartoffel gemacht und mit einer Spur Zukker gesüßt. In einem anderen Jahr bekam meine Puppe Marlene neue Kleidung, aus Lumpen zusammengenäht. An meinem zehnten Geburtstag bestand mein Geschenk aus einem Gedicht, das meine Mutter extra für mich geschrieben hatte:

»Habt Ihr alle schon vernommen?
Der 31. Dezember ist gekommen!
Es ist des Jahres letzte Wende,
Der Jahres-Tage letztes Ende.
Am wichtigsten all dieser Dinge
Ist der Geburtstag unsrer Inge.
Ich gratulier und wünsch das Beste
Zu Deinem zehnten Geburtstagsfeste.
Bleib gesund, Du Sonnenkind,
Dies heute meine Wünsche sind!
Du unser Glück und unsre Freude,
Dies offenbar ich gerne heute.
Bleib brav und werd ein tüchtiges Mädchen,
Bis sich wieder dreht das Rädchen
Und wir erlöst von allen Leiden,
Dann kommen wieder bessre Zeiten.
Dann hoffen wir alle Oma zu sehen
Und wollen dann freudig nach Hause gehen!

Dir, liebe Inge, gewidmet von Deinen Eltern!
Theresienstadt, 31. Dezember 1944«

Der Geruch des Todes war überall. Viele alte Leute waren nach Theresienstadt geschickt worden. Sie konnten die schrecklichen Lebensbedingungen nicht ertragen und starben bald an Hunger und Krankheiten. Zweirädrige Handkarren wurden abwechselnd dazu benutzt, unser Essen zu transportieren und die Kranken und Toten wegzufahren.

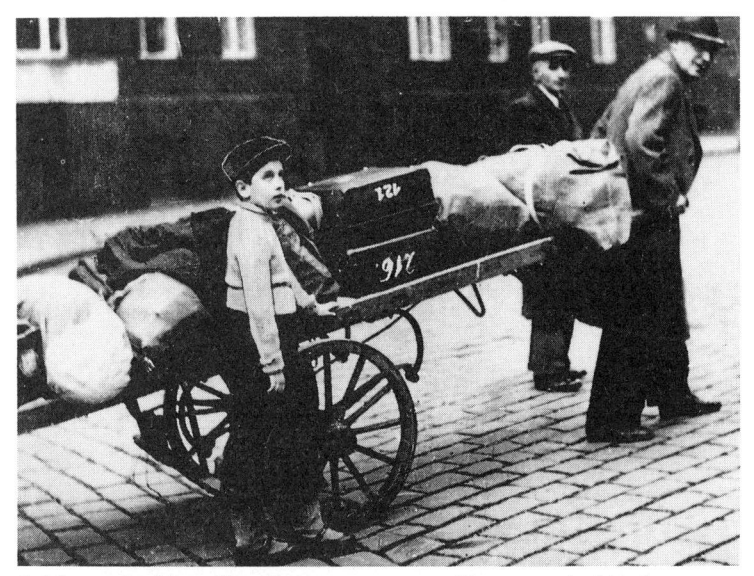

Solche zweirädrigen Handkarren waren unser Transportmittel im Lager

Immer wieder gab es Epidemien wegen dem Mangel an hygienischen Einrichtungen und weil wir viel zu dicht aufeinander leben mußten. Ratten, Mäuse, Flöhe und Wanzen waren eine ständige Gefahr für uns. Das Wasser mußte von Hand aus verschmutzten Brunnen gepumpt werden.

Kurz nachdem wir in Theresienstadt angekommen waren, bekam ich Scharlach und verbrachte vier Monate in der Kinderabteilung des sogenannten Krankenhauses. Wie alle Patienten war ich vom Rest des Lagers völlig isoliert. Zwei Kinder mußten sich ein Bett teilen, eins lag am Kopf-, das andere am Fußende. Ich teilte meines mit einem jüngeren Kind, das fast immer ins Bett machte.

Der Raum sah aus wie ein Gefängnis mit zwei schmalen Fenstern, die etwas Licht hereinließen. Er war mit mindestens fünfzig Patienten schrecklich überfüllt.

Einige Kinder unterhielten sich in Sprachen, die ich nicht verstand. Die Farbe blätterte von den fliegenbedeckten Wänden. Über allem hing ein widerwärtiger Geruch, der nicht zu vertreiben war. Der Geruch des Todes.

Das hohe Fieber hatte mich arg mitgenommen, und ich wurde sehr dünn. Meine größte Angst war, daß meine Eltern ohne mich in den Osten deportiert würden. Mir ging es von Tag zu Tag schlechter, immer mehr Komplikationen traten auf. Niemand glaubte mehr, daß ich am Leben bleiben würde. Nach der Scharlacherkrankung bekam ich rasch hintereinander die Masern, Mumps und eine doppelseitige Mittelohrentzündung. Ich wurde von Würmern geplagt, ich verlor meine Stimme, und mein Körper war mit Eiterbeulen bedeckt.

Im Krankenhaus fand ich eine neue Freundin. Ada war eine deutsche Jüdin. Sie brachte mir ein neues Lied über Palästina bei, in dem das heutige Israel liegt. Es erzählte von einem immerwährenden Paradies, in dem die Zedern des Libanon den Himmel küssen. Sie versprach mir, daß wir bald dorthin gehen würden. »Du mußt nur noch ein bißchen durchhalten«, sagte sie immer wieder. Adas Traum wurde niemals wahr. Sie starb im Alter von neun Jahren in Auschwitz.

Kurz vor meinem achten Geburtstag wurde ich aus

dem Krankenhaus entlassen. Doch bevor ich zurück zu meinen Eltern durfte, wurde ich in einem großen Kübel mit einer Desinfektionslösung gewaschen, um wenigstens einen Teil meiner Läuse loszuwerden. Die Haare waren mir sehr kurz geschnitten worden, und Mama benutzte einen kleinen Kamm mit engen Zinken, die mir die Kopfhaut aufkratzten, damit ich die letzten Läuse vielleicht auch noch loswurde.

Schlimm waren auch die Latrinen. Bis heute denke ich noch an die schrecklichen Bauchschmerzen vom ständigen Durchfall und an den langen Weg zu den Gemeinschaftslatrinen, die immer überfüllt waren und keinerlei Privatsphäre boten.

Die meisten Erwachsenen im Lager wurden gezwungen zu arbeiten. Einige Frauen wurden ausgesucht, um Glimmer zu spleißen, der von den Nazis zur Waffenherstellung benutzt wurde. Dies galt als gute Arbeit, da sie die Leute manchmal davor bewahrte, in den Osten deportiert zu werden. Mamas erste Arbeit im Lager bestand darin, die Wäsche von Typhuspatienten zu waschen. Eines Tages entdeckte sie einen sehr hohen Haufen von Tüchern, die sie für schmutzige Bettlaken hielt. Als sie die Laken aufheben wollte, entdeckte sie zu ihrem Entsetzen, daß es sich um Leichen handelte, die damit zugedeckt waren. In Theresienstadt starben die Menschen wie Fliegen.

Mama ging es dann besser, als sie Krankenschwester im Altenkrankenhaus wurde. Oft wählte sie die Nachtschicht, weil sie dann eine Extraration Brot bekam. Ich erinnere mich daran, daß diese todkranken Leute Stöcke in den Händen hielten, um die Ratten abzuwehren, die manchmal zu ihnen in die Betten sprangen. Jede Nacht starb jemand, und die angestellten Häftlinge teilten die zurückgebliebenen Essensrationen und die Kleidung untereinander auf.

Papa hingegen durchwühlte täglich die Abfallhaufen auf der Suche nach Kartoffelschalen und verfaulten Rüben. Wenn er großes Glück hatte, fand er ausgekochte Pferdeknochen, die wir noch einmal kochten, um auch die letzten Fettreste und Knorpel herauszubekommen.

Papa hatte immer gute Einfälle und versuchte, das Beste aus einer Situation zu machen. Bevor wir nach Theresienstadt abtransportiert worden waren, hatte er sich einen kleinen Transportwagen ausgedacht, der uns das Gepäcktragen erleichtern sollte. Der Wagen bestand aus einem eisernen Gestell und vier kleinen Rädern und konnte zusammengeklappt werden. Nach unserer Ankunft in Bohušovice war uns der Wagen samt Gepäck abgenommen worden.

Eines Tages sah Papa im Lager einen Mann mit diesem Wagen. Die Transportnummer, die er zu Hause sorgfältig aufgemalt hatte, war noch recht gut sichtbar. Wunderbarerweise hatte der Wagen seinen Weg hierher ins Lager gefunden. Es war nicht einfach, dem Mann klarzumachen, daß Papa der Eigentümer des Wagens war. Doch endlich gab er ihn uns zurück.

Papa benutzte den Wagen zum Transportieren der Kohlenstaubsäcke, die er den alten Leuten brachte, damit sie ihre Räume etwas wärmen konnten. Sie waren zu schwach, um sich ihren Brennstoff selbst zu holen. Für diese Arbeit wurde er mit kleinen Brotrationen oder ein paar Kartoffeln entlohnt. Der Wagen war schwer zu lenken, und Papa kam oft mit blauen Flecken und Wunden an den Beinen nach Hause.

Für meine Puppe machte ich aus einem Pappkarton ein Bett am Kopfende der obersten Pritsche, auf der ich schlief. Eines Tages entdeckte ich in dem Karton eine tote Maus, ebenfalls ein Opfer des Hungers. Noch nicht einmal eine Maus konnte genug Brotkrumen finden, um hier zu überleben.

An solchen Handpumpen im Hof mußten wir uns waschen

Der Winter war die schlimmste Zeit für uns in Theresienstadt. Die überfüllten Kasernen und die Zimmer in den alten, verfallenen Häusern waren bis zum letzten Zentimeter mit zitternden Menschen belegt. Es gab nur einige wenige Öfen, und die vertrieben kaum die bittere Kälte des böhmischen Winters. Heizmaterial war nur schwer zu bekommen. Kohlen waren rationiert und immer zuwenig. Meistens bestanden sie ohnehin nur aus Kohlenstaub. Alles, was man verbrennen konnte, landete im Ofen. Sogar Buchumschläge wurden verheizt. Die Seiten dienten als Toilettenpapier. Wie durch ein Wunder tauchten immer wieder einige Bücher im Lager auf. Aber dort, wo die größten Anstrengungen der Menschen dem Überleben galten, bestand kaum Bedarf an ihrem Inhalt.

In der kalten Jahreszeit wurden viel mehr Leute krank. Unterernährung und mangelnde Hygiene hatten auch die Stärksten schon geschwächt. Die Todesrate, vor allem unter den Alten, war im Winter höher als sonst. Solche Krankheiten wie Lungenentzündung bildeten die Spitze. Ärzte standen hilflos dabei, unfähig, den unglücklichen Kranken zu helfen, denn es gab kaum Medikamente im Lager. Wer könnte je das Benutzen der ungeheizten Latrinen vergessen, wo es so kalt war, daß sie von den Gefangenen ironisch Schi-Stand genannt wurden.

Die einzige Erleichterung, die der Winter brachte, war der frischgefallene Schnee. Für eine kurze Zeit bedeckte der weiße Teppich die Fäulnis und Häßlichkeit von Theresienstadt. Es war, als wäre der Schnee gefallen, um die dunklen Schatten dieses deprimierenden Ortes zum Verschwinden zu bringen.

Schnee erinnerte mich an die wunderbaren Zeiten, als ich mit meinen Freunden in Jebenhausen mit dem Schlitten den Vorderen Berg hinuntergefahren war. Ich fragte mich, ob sie sich bei ihren Eltern nach mir erkundigten, ob sie mich vermißten. Ich beneidete sie. Sie konnten sich ihre Wünsche erfüllen und Schneemänner oder Schneeburgen bauen, während meine Hauptsorge war, das Knurren meines hungrigen Magens mit einem Mundvoll Suppe zu beruhigen.

Es war unmöglich, von den mageren Portionen zu leben, die man durch die Essenskarte bekam. Man mußte andere Wege finden, diese Rationen zu vergrößern. In einigen Kellern der Kasernen wurden Kartoffeln gelagert. Keiner durfte diese Schatzhöhlen mit ihren Kostbarkeiten betreten. Kartoffeln waren für uns so wertvoll wie Diamanten, doch nur die Küchenlieferanten durften diese Kleinodien berühren. Für jeden anderen war es streng verboten, die Keller auch nur zu betreten. Die Strafen, wenn man entdeckt wurde, waren streng. Entweder wurde man in die Kleine Festung gebracht, von der man wußte, wie brutal es dort zuging, oder man kam in den nächsten Transport nach dem unbekannten Osten.

Hunger macht mutig, und der Wille zu leben war so

stark, daß einige Insassen das Risiko eingingen und in die Kartoffelkeller einbrachen. Das mußte nachts geschehen, im Schutz der Dunkelheit. Doch nachts herrschte Ausgangssperre. Kein Mensch durfte sich am späten Abend im Freien aufhalten, wenn er nicht hart bestraft werden wollte. Die Ghettopolizei, eine jüdische Polizei, war gezwungen, die Gesetze der Nazi-Oberen durchzusetzen.

Mama war sehr mutig. Nachts stieg sie durch eine schmale Fensteröffnung in den Kartoffelkeller der Dresdner Kaserne. Sie war jünger und gelenkiger als ihre Freundin, die draußen Wache stand. Mama füllte schnell einen kleinen Sack mit den kostbaren Kartoffeln, die sie später mit ihrer Freundin aufteilte. Die Kartoffeln mußten sorgfältig versteckt werden. Wir legten die unseren unter die Strohsäcke und schliefen darauf.

Unsere Wohnquartiere wurden in bestimmten Zeitabständen kontrolliert. Besonders gefürchtet waren die Durchsuchungen durch deutsche Nazifrauen, die »Aufsehweiber«. Sie waren ganz besonders bösartig und unbarmherzig. Gerüchteweise hörten wir, daß eine solche Inspektion in unserem Quartier zu erwarten sei. Was sollten wir nun mit unseren Kartoffeln machen? Wir mußten einen sicheren Platz für sie finden.

Papa hatte eine Idee. Er entdeckte einen alten Koffer auf dem Abfall, der, obwohl das Schloß kaputt war, noch seinen Zweck erfüllen konnte. Im Hof des Säuglingsheims, in dem mindestens vierzig Babys, meist Waisen, untergebracht waren, lag ein Haufen Lumpen, das wußte Papa. Und dort würde er seine kostbare Ladung verstecken. Die Lumpen würden als Isolierung gegen die bittere Kälte dienen und die Kartoffeln vor dem Frost schützen. Papa hatte bemerkt, daß die Lumpen seit einiger Zeit unberührt an derselben Stelle liegengeblieben waren, und hoffte, das würde auch noch eine kleine Weile so bleiben.

Er entschloß sich, seinen Plan bei Nacht auszuführen. Der Mond war voll, und sein Licht würde ihm den Weg zu dem geheimen Versteck leuchten. Sorgfältig legte er die Kartoffeln in den zerbeulten Koffer und hielt den Deckel fest zu. Frischer Schnee war gefallen. Es war sehr kalt, und das Eis unter der neuen Schneedecke machte das Gehen schwierig. Papa rannte schnell los, wie ein Dieb in der Nacht, doch schon nach einigen Schritten rutschte er aus, der Koffer ging auf, die Kartoffeln kullerten heraus und lagen da wie Edelsteine im Schaufenster eines Juwelierladens. Im Licht des Mondes waren sie auf dem Schnee deutlich zu sehen. Papa sammelte sie alle hastig wieder zusammen, und es gelang ihm, sie unter dem Lumpenhaufen zu verstecken. Mama und ich zitterten vor Angst, bis er wieder zu Hause war.

Papas Aktion war nicht zu früh gewesen. Am nächsten Tag wurden alle aus unserem Haus aufgefordert, sich im Hof unseres Gebäudekomplexes zu versammeln. Unsere Quartiere sollten durchsucht werden. Ich hatte Angst, meine Puppe mitzunehmen, damit die »Aufsehweiber«

nicht annahmen, ich würde in ihrem Körper etwas verstecken. Ich hoffte nur, daß sie, wenn sie Marlene fänden, vorsichtig mit ihr umgehen und ihr nichts antun würden. Angsterfüllt warteten wir im Hof. Die Durchsuchung ging glücklicherweise gut vorüber, nichts Unerlaubtes wurde in unserem Haus gefunden, und wir durften wieder zurückgehen. Ich schaute sofort nach Marlene. Sie war noch heil und schlief friedlich in ihrem Pappschachtelbett.

Papa mußte ein paar Tage später unsere kostbaren Kartoffeln nachts wieder zurückbringen und so die gleiche Aufregung noch einmal durchstehen.

Einige Versuche wurden gemacht, uns in sogenannten Beschäftigungsklassen zu unterrichten. Schule war absolut verboten, aber einige mutige Lehrer versammelten uns Kinder auf den Dachböden der Kasernen oder an anderen Orten, wo ein bißchen Platz war. Sie unterrichteten uns aus dem Gedächtnis, denn es waren nur wenige Schulbücher ins Lager geschmuggelt worden.

In einer Englischstunde lernte ich das Gedicht »I Wish I Were«, das ich in ein zerfleddertes Notizbuch schrieb. Es gelang mir, dieses Buch so zu verstecken, daß es bei Inspektionen niemals gefunden wurde, auch nicht bei einem der gefürchteten Besuche Adolf Eichmanns im Lager.

I wish I were a little bird
up in the bright blue sky,
b' that sings and flies just
where he will and no one
sks asks him why.

»Ich wollte, ich wäre ein kleiner Vogel,
hoch oben am blauen Himmel,
der singt und fliegt, wohin er will,
und niemand fragt ihn, warum.«

Ich erinnere mich lebhaft an den Bohušovicer Kesselappell am 11. November 1943. Es war das einzige Mal, daß ich je außerhalb der Lagermauern war. Uns wurde gesagt, daß einige Insassen vermißt würden und ein vollständiger Anwesenheitsappell außerhalb des Lagers stattzufinden hätte. Mindestens 40000 Häftlinge wurden sehr früh am Morgen auf ein großes, schlammiges Feld getrieben. Es war ein kalter und regnerischer Tag. Wir wußten nicht, was mit uns passieren würde. Wir waren von Soldaten und Gewehren umringt und bekamen den ganzen Tag lang nichts zu essen. Toiletten standen uns nicht zur Verfügung. Ich beobachtete voller Entsetzen, wie ein SS-Mann mit dem Gewehrkolben auf den Rücken meiner Mutter einschlug.

Einige Leute waren tatsächlich geflohen und waren vielleicht schon in Sicherheit. Nachrichten über die Ansammlung so vieler Häftlinge vor dem Konzentrationslager Theresienstadt mußten durchgesickert sein und wurden vom englischen Sender verbreitet. Folglich kamen keine Befehle mehr aus Berlin, an diesem Tag weitere Aktionen durchzuführen. Nach Mitternacht kehrten wir ins Lager zurück. Viele Menschen waren auf dem Feld an Erschöpfung, Kälte und durch die heftigen Schläge gestorben.

Ende 1943 tauchten Gerüchte über Massenmorde im Osten auf. Das Internationale Rote Kreuz verlangte die Erlaubnis, eines dieser Lager zu besichtigen, um herauszufinden, ob die schrecklichen Anschuldigungen der Wahrheit entsprachen. Die Nazis wählten zu diesem Zweck Theresienstadt aus. Viele Monate vergingen, bevor dem Verlangen am 23. Juni 1944 endlich nachgegeben wurde. Inzwischen hatte man Theresienstadt einem »Verschönerungsprogramm« unterzogen. Einige Teile des Lagers waren gesäubert worden. Man hatte eine Anzahl Blocks mit Straßenschildern versehen und einen Kinderpavillon eingerichtet, als Beweis dafür, wie normal das Leben hier sei. In der Ortsmitte gab es ein neues Caféhaus, in dem sich nur einige Auserwählte aufhalten durften. Eine Bank war eröffnet worden, und ein spezielles Lagergeld wurde ausgegeben, das Moses mit den Gesetzestafeln zeigte. Mit diesem wertlosen Geld konnte man allerdings nur scharfen Senf kaufen. Außerdem gab es Hinweisschilder zu einem nicht vorhandenen Spielplatz und zu einer Schule.

Lagergeld

Einige Leute hatten neue Kleider und zusätzliche Essensrationen bekommen. Ein paar Kinder erhielten Schokolade und Sardinenbrote genau in dem Augenblick, als die Delegation vorbeiging, und es wurde ihnen befohlen, zu unserem verhaßten Lagerkommandanten Rahm zu sagen: »Onkel Rahm, schon wieder Sardinen?« Ich gehörte nicht zu den Glücklichen.

Mitten im Ort spielte ein Orchester in einem neu errichteten Musikpavillon. Die Bereiche des Lagers, die mit den Besitztümern angefüllt waren, die man uns gestohlen hatte, waren sorgfältig verschlossen. Blinde, Krüppel und Kranke hatte man davor gewarnt, sich sehen zu lassen. Sogar der brutalste SS-Offizier, Rudolf Haindl, stellte sich freundlich an diesem Tag. Transportlisten nach dem Osten wurden sorgfältig versteckt.

Die Untersuchungskommission des Internationalen Roten Kreuzes verließ das Lager in dem Glauben, daß Theresienstadt ein typisches Lager für den Aufenthalt von Juden sei. Die ungeheure Täuschung war gelungen. Ein Film wurde damals gedreht, um die »guten Bedingungen« in Theresienstadt zu dokumentieren.

Theresienstadt war das Vorzimmer von Auschwitz. Adolf Eichmann, der Leiter des Judenreferats, sorgte persönlich dafür, daß ein ständiger Fluß von Transporten aus Theresienstadt die Gaskammern in Auschwitz füllte. Er und der SS-Kommandant von Theresienstadt entschieden, welche Gruppen von Leuten nach dem Osten deportiert wurden, und befahlen dem jüdischen Ältestenrat, Listen von tausend Menschen aus den bezeichneten Gruppen für jeden Transport zusammenzustellen. Manchmal wurden nur alte Leute aufgerufen, ein andermal Kriegsteilnehmer vom Ersten Weltkrieg mit den höchsten Auszeichnungen. Die Auswahl hing vollkommen von den Launen der SS ab. Wir lebten Tag und

Nacht in der Angst, nach dem Osten gebracht zu werden. Es gab Zeiten, in denen jede Woche mehrere Transporte abgingen.

An den Herbst 1944 erinnere ich mich besonders gut. Es war die Zeit unserer hohen Feiertage – Rosch Haschana, das Neujahrsfest, und Jom Kippur, der Versöhnungstag. Jom Kippur ist ein Fastentag, und obwohl wir ja immer hungrig waren, fasteten und beteten an diesem Tag noch viele Leute, die schon zu einem Transport in den Osten eingeteilt worden waren. Die unglücklichen Menschen bekamen eine Nummer, die ihnen um den Hals gehängt wurde, und mußten sich in einer speziellen Kaserne versammeln. Dann wurden sie gezwungen, in die Viehwaggons zu steigen. Die Türen wurden verriegelt und bis zu ihrer Ankunft in Auschwitz nicht mehr geöffnet. Die meisten Juden des Ältestenrates im Lager erlitten das gleiche Schicksal. Auch sie wurden in den Gaskammern von Auschwitz getötet. Als 1944 eine der letzten Selektionen zur Deportation stattfand, mußten sich alle noch verbliebenen Männer mit Kriegsverletzungen aus dem letzten Krieg im Hauptquartier der SS einfinden. Um unsere Namen war ein roter Kreis gezogen worden. Wir waren vor dem sicheren Tod bewahrt geblieben.

Eines Tages sprach mich ein älterer Mann auf dem Hof an, den ich nicht kannte. Er war offensichtlich für den Transport nach dem Osten selektiert worden, denn er hatte eine Nummer um den Hals hängen. Er war verwirrt, nervös und voller Angst. Er drückte mir eine Pappschachtel in die Hand, gefüllt bis zum Rand mit bunten Dingen. Er stellte sich nicht vor und sagte nur: »Hier ist etwas zu meiner Erinnerung.« Dann ging er schnell weg. Ich war verblüfft und überrascht und untersuchte den Inhalt der Schachtel. Es waren kleine gestrickte Gegenstände, bunte Fäden und eine Flasche Entlausungsmittel. Was hatte diesen Mann veranlaßt, mich für dieses Geschenk auszusuchen? Wer hatte alle diese Dinge gemacht? Bis heute denke ich immer wieder an diesen Vorfall zurück. Der Mann ist namenlos geblieben und wurde vermutlich in den Gaskammern getötet. Doch sein Wunsch, daß sich jemand an ihn erinnern möge, wenn auch nur ein kleines Mädchen, ist in Erfüllung gegangen.

Meine beste Freundin Ruth und ihre Eltern, mit denen wir zwei Jahre lang die Pritschen in einem winzigen Raum geteilt hatten, befanden sich in einem dieser letzten Transporte zum Todeslager. Ruth war ebenfalls ein einziges Kind, gerade zwei Monate älter als ich. Wir waren wie Schwestern und teilten unsere Tagträume und Geheimnisse. Sie hatte wunderschöne blonde Haare. Ihr größtes Vergnügen war es, mit Buntstiften, die sie ins Lager geschmuggelt hatte, Bilder auf Papierfetzen zu zeichnen. Sie hoffte, sie würde einmal Künstlerin werden.

Ruth und ihre Eltern kamen aus Berlin. Ihr Vater hinkte aufgrund einer Verletzung aus dem Ersten Weltkrieg. Wir beiden Mädchen fanden es seltsam, mit so vielen kriegsversehrten Männern um uns herum zu leben, denen Arme oder Beine fehlten oder die sonst eine Kriegsverletzung hatten. Ruths Vater war halb christlich, halb jüdisch, und Ruth war als Christin erzogen worden.

Ruth und ich besaßen gleiche Puppen. Bevor sie ihre letzte Reise antrat, vertraute sie mir alle ihre Puppenkleider an, die ihre Mutter mit großer Sorgfalt aus Lumpen genäht hatte.

Ich war schrecklich traurig, als Ruth weg war. Ich vermißte sie so sehr und konnte überhaupt nicht aufhören zu weinen. Warum hatte man uns getrennt? Wir hatten uns gegenseitig versprochen, immer zusammenzubleiben, bis wir wieder nach Hause gehen dürften. Und dann würden wir uns bestimmt oft besuchen.

Sicher mußte Gott eine Antwort haben, warum sich alles so verändert hatte. Ich beschloß, mit ihm zu reden. Ich hoffte nur, er würde meine kleine Stimme unter den Millionen heraushören, die jeden Tag zu ihm sprachen. Ich bat ihn, über Ruth zu wachen und mich bald wieder in Freiheit sein zu lassen. Doch wenn ich zum nächsten Transport gehören sollte, dann sollte es seine Entscheidung sein.

Ruth starb wegen ihres jüdischen Erbes, obwohl sie sich selbst nie als Jüdin gefühlt hatte. Sie erlebte noch nicht einmal ihren zehnten Geburtstag. In meinem Herzen weine ich immer noch um sie und so viele andere Kinder, die mit ihren Müttern in die Gaskammern von Auschwitz oder zu anderen Vernichtungslagern gebracht wurden.

Ich sehe vor mir, wie die Mütter versuchten, die angsterfüllten und weinenden Kinder zu beruhigen. Sie hielten sich an den Händen und redeten ihnen gut zu, daß alles eines Tages wieder besser sein würde. Sie flüsterten: »Nein, Kind, schau nicht auf die rauchenden Schornsteine – betrachte den blauen Himmel. Schnell, zieh deine Sachen aus. Komm näher zu mir her, ich beschütze dich.« Sie hofften auf ein Überleben, bis die ersten Schwaden von Giftgas in die fest verschlossenen Räume drangen. Mütter versuchten, ihre Kinder zu beschützen und sie bis zum letzten Atemzug in den Armen zu halten. »Schlaf, mein Kind. Ich kann dir nicht mehr geben. O Gott, wir werden nicht leben. Aber ich halte dich fest.«

Die Befreiung

Ich lernte ein altes tschechisches Volkslied in Theresienstadt. Es erzählte von Hoffnung und von der Veränderung, die der Frühling bringt. Und ich fragte mich, ob wir je den Winter, Theresienstadt, verlassen würden, ob wir das Lächeln des Frühlings und die Berührung des Mai je wieder erleben würden.

Přijde jaro přijde	Komm, Frühling, komm
Bude zase Máj	Es wird wieder Mai
Usmívá se slunce	Es lacht die Sonne
Zelená se háj.	Es grünt der Hain.
Rozpuknou se ledy	Eis wird zerbrechen
Volný bude proud	Frei wird der Strom
Po vodach šumících	Auf rauschendem Wasser
Lodě budou plout.	werden Schiffe schwimmen.

Der Frühling 1945 war anders als die anderen, die ich in Theresienstadt erlebt hatte. Wir wußten es nicht, aber Hitlers Drittes Reich war am Zusammenbrechen, und die deutsche Armee ging der sicheren Niederlage entgegen.

Inzwischen machten die Nazis die letzten Versuche, alle Überlebenden in den Todeslagern im Osten noch zu töten. Als die Alliierten näher rückten, zwangen die

Neuankömmlinge in Theresienstadt – krank, zum Skelett abgemagert, frierend

deutschen Soldaten ihre Gefangenen zu langen Todesmärschen in Gebiete, die noch immer unter der Herrschaft der Nazis standen. Ich erinnere mich, in welchem Zustand diese armen Leute in Theresienstadt ankamen. Sie waren barfuß, oder ihre Füße waren mit Lappen umwickelt oder steckten in zerrissenen Sandalen. Einige trugen die blau-weiß gestreifte Häftlingskleidung, andere nur Lumpen. Ihre Köpfe waren kahlgeschoren. Viele sahen nur noch aus wie wandelnde Skelette. Sie litten an Typhus und anderen Krankheiten. Vergeblich suchte ich die langen Reihen in der Hoffnung ab, Großmutter unter ihnen zu finden.

In diesen letzten Kriegstagen wurde der Befehl gegeben, Gaskammern in Theresienstadt zu bauen. Der Plan war, uns entweder mit Gas zu töten oder durch das Öffnen von Schleusen in einem Teich zu ertränken. Nicht ein einziger Jude in Europa sollte am Leben bleiben. Zum Zeitpunkt unserer Befreiung waren die Gaskammern in Theresienstadt fast fertig. Nur die sich überstürzenden Ereignisse bewahrten uns das Leben.

Wachen, die fürchteten, von den Alliierten gefangengenommen zu werden, versuchten, die Lagerunterlagen zu verbrennen. Halbverkohlte Papierfetzen flogen durch die Luft. Der Beweis für Tod und Leiden sollte vernichtet werden. Die meiste Asche vom Krematorium, in dem die vielen Toten des Lagers verbrannt worden waren, war schon entfernt worden. Kinder wurden aufgefordert, sich freiwillig zu melden, um diese Reste in den nahen Fluß zu

Das Krematorium von Theresienstadt, in dem die vielen Toten verbrannt wurden

werfen. Als Belohnung für diese schreckliche Aufgabe bekamen sie eine kleine zusätzliche Essensration. Ich habe an dieser Aktion nicht teilgenommen.

Dann, Anfang Mai, rannten die meisten der Bewacher, die nicht im Lager wohnten, weg. Sie versuchten noch, uns zu töten, bevor sie sich aus dem Staub machten, indem sie wild um sich schossen und Handgranaten in das Lager warfen.

Ich kletterte auf eine Barrikade, obwohl das verboten war, und spähte hinaus. Eine Handgranate flog an mir vorbei, die mich nur knapp verfehlte. Die plötzliche Explosion erschreckte mich. Ich betastete meinen Kopf, um sicher zu sein, daß er auch noch da war. Dann rannte ich schnell zu meinen Eltern. Papa sagte, wir müßten irgendwo Schutz suchen.

Viele andere verschreckte Menschen suchten ebenfalls nach einem schützenden Versteck, und wir stiegen in einen dunklen Keller hinunter. Jemand hatte eine kleine Kerze dabei, die etwas Licht in den dunklen Raum brachte. Es war vollkommen still. Die Gesichter der Leute spiegelten unsere eigene Furcht wider. Ihre Augen waren wie erstarrt. Ich fühlte mein Herz klopfen. Konnten die anderen das in dieser tödlichen Stille hören?

Ich hatte mein Gebetbuch mitgenommen. Papa hatte es im Herbst 1944, in der Zeit, in der die häufigsten Transporte nach dem Osten stattfanden, auf dem Abfall gefunden. Ich hatte Papa überredet, es mir zu geben, und versprach ihm, daß ich es immer ehren und hüten würde.

Der Name eines Mannes stand darin, und ich fragte mich immer wieder, warum dieses heilige Buch wohl beim Abfall gelandet war. Hatte dieser Mann sein ganzes Vertrauen in Gott verloren, als er aus Theresienstadt in den Osten deportiert wurde? Hatte man ihn gezwungen, das Buch zurückzulassen? Oder war er gar schon im Lager gestorben?

Ich öffnete das Gebetbuch. Meine Lippen bewegten sich leise, als ich aus ganzem Herzen das *Schma Israel* las, ein hebräisches Gebet, das Kernstück der jüdischen Glaubenslehre:

»Höre, Israel! Gott unser Herr ist ein einiger, einziger Gott. Du sollst lieben Gott, deinen Herrn, mit deinem ganzen Herzen, mit deiner ganzen Seele und mit allem deinem Vermögen. Diese Worte, die ich dir da gebiete, sollst du stets auf deinem Herzen haben. Du sollst sie einschärfen deinen Kindern, sollst davon reden, wenn du sitzest in deinem Haus, wenn du gehest auf der Straße, wenn du dich niederlegest und wenn du aufstehest. Du sollst sie knüpfen zum Zeichen um deine Hand, sie sollen sein ein Stirnband zwischen deinen Augen, du sollst sie schreiben an die Pfosten deines Hauses und an deine Thore.« (Deutsche Übersetzung von S.G. Stern)

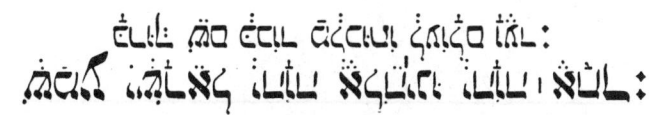

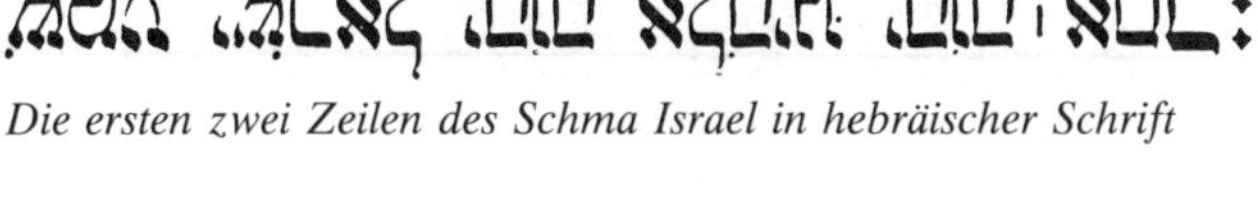

שְׁמַע יִשְׂרָאֵל יְהוָה אֱלֹהֵינוּ יְהוָה אֶחָד׃
בָּרוּךְ שֵׁם כְּבוֹד מַלְכוּתוֹ לְעוֹלָם וָעֶד׃

Die ersten zwei Zeilen des Schma Israel in hebräischer Schrift

Ein tapferer Mann wagte es, gegen neun Uhr abends den Keller zu verlassen und hinaufzugehen, um nachzuschauen. Er kam mit der unglaublichen Neuigkeit zurück: »Die Alliierten sind da, wir sind frei!«

Am Abend des 8. Mai 1945 waren wir endlich von der Sowjetischen Armee befreit worden! Das erste, was wir taten, war, den gelben Stern von unserer Kleidung zu reißen. Ich hatte drei Jahre in dieser menschlichen Hölle verbracht! Noch immer habe ich die ausgelassenen russischen Soldaten vor Augen, die auf ihren Panzern sangen und tanzten. Wir alle empfanden Freude und Erleichterung, aber auch Schmerz. Viele Fragen blieben offen. Wer von unserer Familie war am Leben geblieben? Was würde uns die Zukunft bringen?

Befreiung von Theresienstadt (1945)

Nach der Befreiung mußten wir noch eine Weile bleiben, denn eine schwere Typhusepidemie hatte sich in Theresienstadt verbreitet. Viele Insassen, die den Krieg überlebt hatten, starben jetzt, nach der Befreiung, an der Krankheit.

Ich erinnere mich daran, daß ich auf die Barrikade kletterte und von einem russischen Soldaten ein Stück Schwarzbrot bekam, das mit einem ganzen Berg Butter beschmiert zu sein schien. Ich kaute vorsichtig, ließ langsam die Butter in meinem Mund schmelzen. War es ein Traum, oder war ich wach?

Trotz der Typhusquarantäne verließen mein Vater und ich die Lagermauern auf der Suche nach etwas Eßbarem. Wir gingen durch die Felder und pflückten Rhabarber, und in den umliegenden Dörfern bettelten wir um Essen. Zurück im Lager, tauschten wir den Rhabarber gegen Brot und Kartoffeln.

Ich schloß mich einigen anderen Kindern an, und zusammen stahlen wir uns in die früheren Naziquartiere außerhalb des Lagerkomplexes. Auf dem Boden lagen Patronen herum und Streifen von Kinofilmen, die Seeschlachten zeigten. Mitten in einem wunderschönen Park direkt neben diesen Quartieren entdeckten wir zu unserem Erstaunen ein Schwimmbad. Wie anders mußte das Leben außerhalb der Mauern gewesen sein! Während wir hungerten, litten und ständig in der Furcht lebten, unser Leben zu verlieren, führten diese Menschen nur ein paar hundert Meter von uns entfernt ein Leben in Luxus.

Als die Typhusepidemie abgeklungen war, machten sich ein paar der Überlebenden auf, das Lager zu Fuß zu verlassen. Die meisten wußten nicht, wohin sie gehen sollten oder wer ihnen weiterhelfen würde. Anfang Juli 1945 kam schließlich ein Bus aus Stuttgart, der unsere kleine Gruppe, die ursprünglich aus Württemberg gekommen war, abholte. Von ungefähr zwölfhundert Menschen lebten noch dreizehn. Drei davon waren meine Mutter, mein Vater und ich.

Unser Bus verließ das Lager, und bald fuhren wir durch Städte, die durch den Bombenhagel völlig zerstört waren. Die einstmals majestätische Stadt Dresden bestand fast nur noch aus Schutt. Wo immer wir anhielten, scharten sich neugierige Menschen um unseren Bus. Ein kleines Mädchen drückte mir ein Püppchen in die Hand und wollte, daß ich es zur Erinnerung an sie behalte.

Nach einigen Tagen Fahrt erreichten wir das Lager für Vertriebene in Stuttgart. Hier erhielten wir unsere erste gute Mahlzeit. Ich erinnere mich noch genau an den wunderschön gedeckten Tisch mit der weißen Tischdecke. Noch jetzt kann ich den Geschmack der Nudelsuppe spüren, die ich ganz langsam aß, um jeden einzelnen Löffelvoll zu genießen. Nie wieder in meinem Leben hat mir eine Suppe so gut geschmeckt.

Wir blieben nur eine Woche in diesem Lager, das speziell für zurückkehrende Juden eingerichtet worden war, denn wir wollten so schnell wie möglich zum Haus meiner

Großmutter. Wir hofften, sie würde noch leben und uns dort erwarten.

Als wir in Jebenhausen ankamen, erfuhren wir die schreckliche Wahrheit. Großmutter hatte nicht überlebt. Dreizehn Angehörige unserer Familie hatten in diesen schlimmen Jahren das Leben verloren. Unsere einzige Hoffnung war noch, unsere geliebte Freundin Therese wiederzusehen. Doch zu unserem Entsetzen war sie ebenfalls umgekommen. Als die amerikanischen Soldaten ins Dorf gekommen waren, hatten sie viele Häuser nach Waffen durchsucht. Therese hörte das Klopfen an der Tür, machte aber nicht auf, da sie um ihr Leben fürchtete. Sie blieb hinter der geschlossenen Tür stehen. Schließlich schoß ein ungeduldiger Amerikaner durch die Tür. Sie war auf der Stelle tot.

Die neuen Besitzer von Großmutters Haus stellten uns ein Zimmer zur Verfügung. Als Großmutter 1941 nach Riga deportiert worden war, war uns das Haus genommen worden, und wir hatten den Befehl erhalten, in die »Judenhäuser« in Göppingen zu ziehen. Eine christliche Familie hatte damals die Erlaubnis erhalten, Großmutters Haus zu übernehmen.

Unsere Rückkehr nach so vielen Jahren wurde mit einer Vase voller Feldblumen gefeiert, die auf dem Tisch stand. Die neuen Besitzer versuchten unseren Schmerz zu lindern. Eines Tages brachte uns jemand eine große Schüssel mit Schlagsahne. Mama und ich schlangen sie in uns hinein, bis uns schlecht wurde. Die Jahre des Hungers hatten ihren Tribut gefordert; unsere Mägen konnten diese reichhaltige Nahrung nicht mehr vertragen.

Wir fanden bald eine dauerhafte Unterkunft in Göppingen. Der Bürgermeister lud uns ins Rathaus ein. Als wir dort sein Bürozimmer betraten, fiel Mama sofort der Orientteppich auf: Es war unserer. Auch die Standuhr hatte einen vertrauten Klang. Sie hatte ebenfalls uns gehört. Nach unserer Deportation nach Theresienstadt war unsere gesamte Habe an verschiedene christliche Familien verteilt worden. Einiges davon hatte seinen Weg ins Rathaus gefunden.

Die Bewohner der Stadt, die sich vor unseren Vergeltungsmaßnahmen fürchteten, behaupteten hartnäckig, sie hätten von dem Grauen, das wir erleben mußten, nichts gewußt. Sie sagten, sie hätten die Juden nie gehaßt und seien deshalb nicht schuldig an irgendwelchen Verbrechen. Warum hatten sie sich dann damals nicht nach dem Schicksal so vieler unschuldiger Menschen erkundigt, die so brutal weggeschleppt worden waren?

Unser Haus wurde für die amerikanischen Besatzungssoldaten ein vertrauter Ort. Sie überschütteten uns mit Geschenken und Süßigkeiten. Einige rannten mit ihrer schmelzenden Eiscreme zu unserem Haus, um mir etwas Besonderes zukommen zu lassen.

Soweit ich weiß, war ich das einzige jüdische Kind aus Württemberg, das überlebt hatte. Mein elfter Geburtstag

Meine Eltern und ich mit einem amerikanischen Freund in Jebenhausen

war eine Sensation. Ich wurde ins örtliche Hauptquartier der UNRRA eingeladen, der *United Nations Relief and Rehabilitation Administration,* einer Art Wiedergutmachungsstelle der Vereinten Nationen. Ich hatte nur einen Wunsch: Ich wollte einen neuen Puppenwagen, obwohl ich dafür eigentlich schon zu alt war. Ich erinnere mich noch so gut daran, wie es mir fast das Herz brach, als ich kurz vor meiner Deportation nach Theresienstadt mit meinem hellgrünen Puppenwagen die drei Kilometer in die Stadt gegangen war, um ihn dort einem anderen Kind zu übergeben.

Wie aufregend war meine erste neue Kleidung, ein schwarz-weißkariertes Kleid, das extra für mich genäht worden war. Ich fühlte mich wie ein Tier, das man aus dem Käfig befreit hatte. Ich wollte nur noch herumrennen und spielen, statt in die Schule zu gehen. Papa bekam sein Textilgeschäft zurück und hatte bald wieder Erfolg damit.

Langsam normalisierte sich alles, aber es war ein einsames Leben. Wir ergriffen die erste Gelegenheit, die sich uns bot, und wanderten im Mai 1946 nach Amerika aus. Wir fuhren in einem Viehwaggon nach Bremen, zum Hafen. Die Waggons waren mit Zweigen geschmückt, und an den Seiten stand mit Kreide in Englisch geschrieben: »God bless President Truman and America.«*

Es waren zehn stürmische Tage auf dem Meer, mit der *Marine Perch*, einem amerikanischen Truppentransporter. Nachts kamen wir im Hafen von New York an. Ehrfürchtig bewunderte ich die blinkenden Lichter von Manhattan, die mir wie aus einem Zauberland vorkamen. Lady Liberty, die Freiheitsstatue, leuchtete besonders hell mit ihrer Fackel, die uns begrüßte und in ein neues Leben führte. Am nächsten Morgen verließen wir das Schiff, als gerade die Sonne eines neuen Tages aufging.

---

* Gott segne Präsident Truman und Amerika

Die Verfolgung der Juden 1933–1945

1933

1. 4. 1933	Alle jüdischen Geschäfte in Deutschland, alle jüdischen Ärzte und Rechtsanwälte werden durch die SA boykottiert.
7. 4. 1933	Viele jüdische Beamte verlieren wegen des Gesetzes »zur Wiederherstellung des Berufsbeamtentums« ihre Stellung.
Sept./Okt. 1933	Ausschaltung jüdischer Schriftsteller, Künstler und Redakteure.

1935

15. 9. 1935	Nürnberger Gesetze, Reichsbürgergesetz und Gesetz zum Schutze des deutschen Blutes und der deutschen Ehre: gesetzliche Grundlage zur Entfernung aller Juden aus öffentlichen Ämtern und die völlige Einschränkung ihrer politischen Rechte:
ab 14. 11. 1935	– Aberkennung des Wahlrechts – Entlassung aller jüdischen Beamten – Verbot der Eheschließung zwischen Juden und Nichtjuden – Beschränkung der Arbeitsmöglichkeiten für Juden

1936

Aug. 1936	Während der Olympischen Spiele in Berlin kein antijüdisches Vorgehen in der Öffentlichkeit.

1937–1938

1937	Ab 1937 werden jüdische Unternehmer und Gewerbetreibende gezwungen, ihre Unternehmen häufig zu Spottpreisen zu verkaufen. Jüdische Ärzte und Rechtsanwälte verlieren ihre Zulassung; jüdische Reisepässe werden eingezogen, die neuen erhalten einen »J«-Stempel. Juden müssen den Zwangsvornamen »Israel« bzw. »Sara« führen.

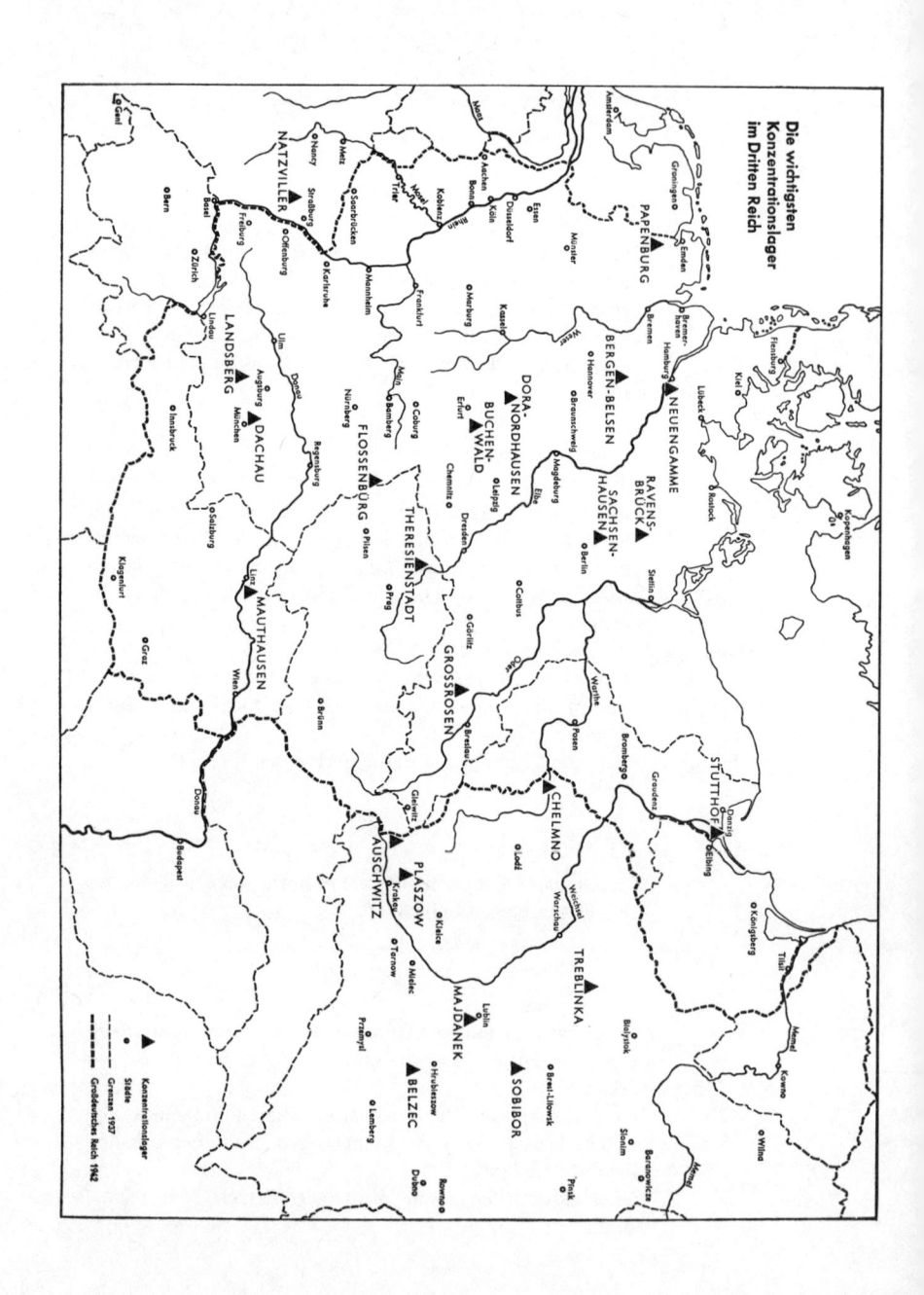

Die wichtigsten Konzentrationslager im Dritten Reich

28. 10. 1938	Ca. 15000–17000 Juden polnischer Staatsangehörigkeit werden ausgewiesen.
7. 11. 1938	Attentat des jungen Herschel Grynszpan, dessen Eltern auch ausgewiesen worden waren, auf den deutschen Gesandtschaftssekretär vom Rath in Paris.
9./10. 11. 1938	Während der sogenannten »Reichskristallnacht« kommt es zu einem staatlich organisierten Juden-Pogrom: – Zerstörung von Synagogen, jüdischen Geschäften und Wohnungen – ca. 30000 Juden werden verhaftet und in Konzentrationslager (Dachau, Sachsenhausen, Buchenwald) verschleppt – ca. 90 Juden finden den Tod
12. 11. 1938	Mehrere Verordnungen zur Bestrafung der Juden: – Juden müssen 1 Milliarde Reichsmark als Sühne für die Ermordung vom Raths aufbringen – die in der Kristallnacht entstandenen Schäden sind ohne Hilfe der Versicherungen zu beseitigen – Juden werden aus dem Wirtschaftsleben ausgeschaltet – Juden dürfen keine Kulturveranstaltungen (Theater, Kino, Konzerte u. a.) mehr besuchen
14. 11. 1938	Jüdische Schüler dürfen keine deutschen Schulen mehr besuchen.
28. 11. 1938	Durch Verhängung von Ausgangssperren und Einrichtung von Sperrbezirken wird die Bewegungsfreiheit der Juden in der Öffentlichkeit stark eingeschränkt.
3. 12. 1938	Einziehung der Führerscheine von Juden.

1939

17. 1. 1939	Jüdische Zahnärzte, Tierärzte und Apotheker verlieren ihre Zulassung.
30. 1. 1939	Für den Fall eines Krieges kündigt Adolf Hitler vor dem Reichstag die Vernichtung der Juden in ganz Europa an.
1. 9. 1939	Mit dem deutschen Angriff auf Polen beginnt der Zweite Weltkrieg. Während dort zahlreiche Pogrome gegen Juden durchgeführt werden, unterliegen sie in Deutschland zusätzlich verschärften Ausgangsbeschränkungen.
23. 9. 1939	Beschlagnahme aller Rundfunkgeräte aus jüdischem Besitz.
1939/1940	Beginn der Deportation von Juden aus Österreich und der ehemaligen Tschechoslowakei in polnische Lager und Ghettos.

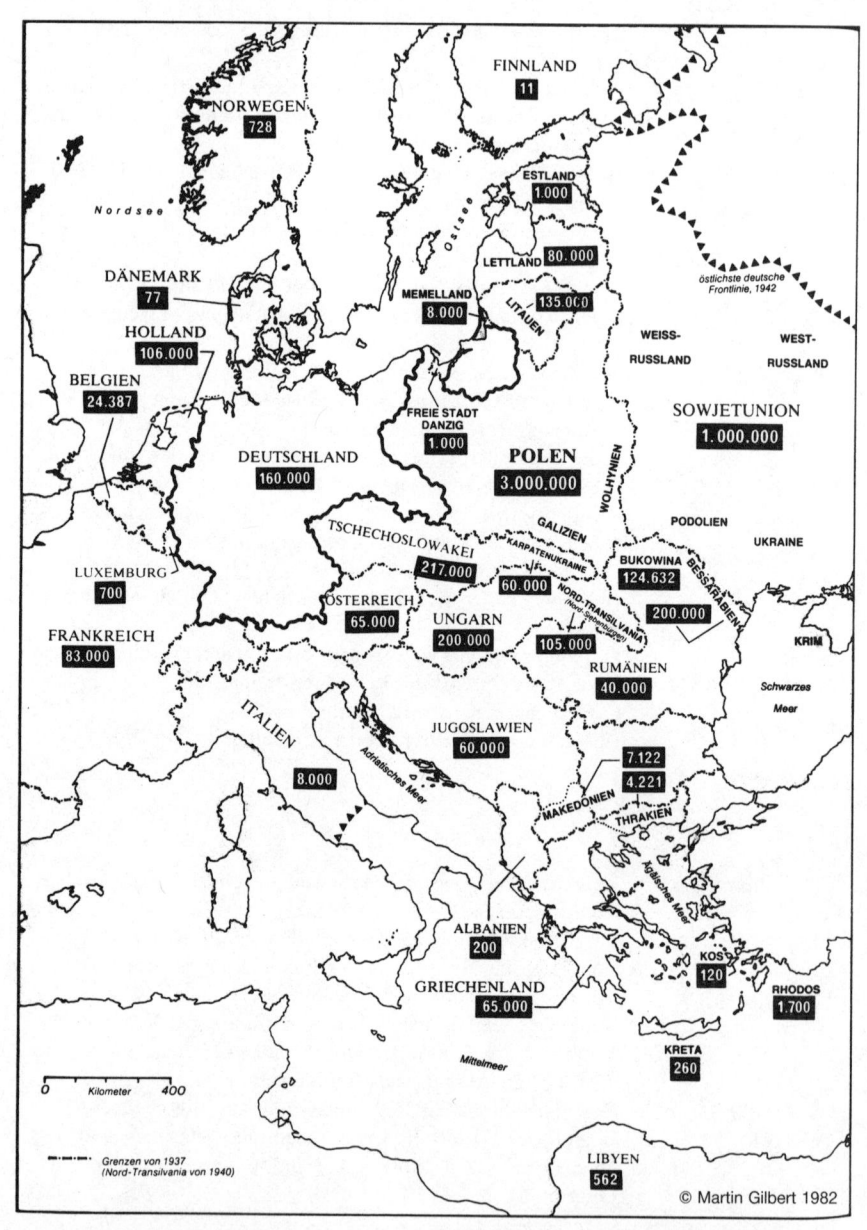

Die zwischen dem 1. 9. 1939 und dem 8. 5. 1945 ermordeten Juden: eine Schätzung

FINNLAND	11
NORWEGEN	728
ESTLAND	1.000
LETTLAND	80.000
LITAUEN	135.000
MEMELLAND	8.000
DÄNEMARK	77
HOLLAND	106.000
BELGIEN	24.387
FREIE STADT DANZIG	1.000
DEUTSCHLAND	160.000
POLEN	3.000.000
SOWJETUNION	1.000.000
TSCHECHOSLOWAKEI	217.000
KARPATENUKRAINE	60.000
BUKOWINA	124.632
BESSARABIEN	200.000
LUXEMBURG	700
ÖSTERREICH	65.000
UNGARN	200.000
NORD-TRANSILVANIA	105.000
FRANKREICH	83.000
RUMÄNIEN	40.000
ITALIEN	8.000
JUGOSLAWIEN	60.000
MAKEDONIEN	7.122
THRAKIEN	4.221
ALBANIEN	200
GRIECHENLAND	65.000
KOS	120
RHODOS	1.700
KRETA	260
LIBYEN	562

Grenzen von 1937 (Nord-Transilvania von 1940)

© Martin Gilbert 1982

1940

ab 10. 2. 1940	Beginn der Deportation von Juden aus Norddeutschland (Stettin, Stralsund) nach Lublin in Polen.
16. 10. 1940	Befehl zur Errichtung des Warschauer Ghettos.
22. 10. 1940	Beginn der Deportation von Juden aus Elsaß-Lothringen, dem Saarland und Baden nach Südfrankreich.

1941

Febr.–April 1941	72 000 Juden werden ins Warschauer Ghetto deportiert.
ab März 1941	Deutsche Juden werden zur Zwangsarbeit eingesetzt.
ab Mai 1941	Beginn der Verhaftungen französischer Juden.
ab Juni 1941	Nach dem deutschen Überfall auf die Sowjetunion Judenpogrome in den besetzten Gebieten.
31. 7. 1941	R. Heydrich wird mit der Evakuierung aller europäischen Juden beauftragt.
1. 9. 1941	Verordnung über die Kennzeichnung aller Juden ab dem 6. Lebensjahr: Einführung des »Judensterns«.
Sept./Okt. 1941	Massenmorde an Juden in Kiew und Dnjepropetrowsk.
1. 10. 1941	Emigrationsverbot für Juden.
Okt./Nov. 1941	Judenmassaker in Südrußland.
25. 11. 1941	Verordnung: Bei Deportation wird das jüdische Vermögen beschlagnahmt und eingezogen.
Dez. 1941	Massaker an Juden in Riga, in Eilna und auf der Krim.
ab. Dez. 1941	Beginn der Massenvernichtung von Juden im Lager Chelmno.

1942

20. 1. 1942	»Wannsee-Konferenz«: Beschlüsse über die »Endlösung« der europäischen Judenfrage.
31. 1. 1942	Bericht der Einsatzgruppe A über die Massenvernichtung von Juden in den baltischen Staaten.
Jan. 1942	Beginn der Deportationen nach Theresienstadt.
ab März 1942	Einrichtung der Vernichtungslager Belzec, Sobobor, Treblinka.
26. 3. 1942	Bekanntmachung über die Kennzeichnung jüdischer Wohnungen.

24. 4. 1942	Verbot der Benutzung öffentlicher Verkehrsmittel für Juden; weitere Verbote im Laufe des Krieges: – Benutzung öffentlicher Fernsprecher und Fahrkartenautomaten – Aufenthaltsverbot auf Bahnhöfen und in Gaststätten – Verbot, Wälder und Grünanlagen zu betreten – Bezugsverbot für Zeitungen und Zeitschriften – Verbot, Haustiere zu halten – Abgabepflicht Schreibmaschinen, elektrische und optische Geräte u. a.
ab Juni 1942	Beginn der Massenvergasungen in Auschwitz.

1943

ab Jan. 1943	Transporte aus dem Lager Theresienstadt nach Auschwitz.
April/Mai 1943	Aufstand und Vernichtung des Warschauer Ghettos.
11. 6. 1943	Heinrich Himmler befiehlt die Liquidierung aller polnischen und russischen Ghettos.
11.–18. 9. 1943	»Familientransporte« aus Theresienstadt nach Auschwitz.
Aug./Okt. 1943	Aufstände in den Lagern Treblinka und Sobibor.
November 1943	Ermordung der im KZ Majdanek verbliebenen Juden.

1944

April–Juli 1944	Deportation von ca. 500000 Juden aus Griechenland und Ungarn nach Auschwitz.
20. 7. 1944	Sowjetische Truppen befreien das KZ Majdanek.
Juli–Nov. 1944	Während des Vormarsches der alliierten Truppen in Ost- und Westeuropa Evakuierung von Lagern und Ghettos; Ende Oktober finden in Auschwitz die letzten Vergasungen statt.

1945

ab Jan. 1945	Sowjetische und amerikanische Truppen befreien die Lager Auschwitz, Buchenwald; das KZ Bergen-Belsen wird von englischen Truppen befreit, es folgen Mauthausen, Sachsenhausen und Ravensbrück sowie Dachau und Theresienstadt, das am
2. 5. 1945	von Vertretern des Internationalen Roten Kreuzes übernommen wird.

Danksagung

Mein herzlichster Dank gilt meinen geliebten Eltern, die mich ermunterten und mir mit so vielen wertvollen Ratschlägen und Hilfen bei der Fertigstellung dieses Manuskripts zur Seite standen.

Ich bin meiner Lektorin Denise Johnstone-Burt sehr dankbar, deren fachmännische Hilfe, Verstand, Begabung und Liebe zur Menschlichkeit dieses Buch mitgeprägt haben.

Mein tiefempfundener Dank gilt Professor Randolf L. Braham, dem Direktor des Emeric und Ilana Csengeri Institute for Holocaust Studies, New York. Ohne seine Inspiration, seine Freundschaft und Unterstützung wäre dieses Buch nie geschrieben worden.

Ferner möchte ich meinen Freunden Else Bakke, Orest Dutka und Molli Kramer von der »Queens Borough Public Library« meinen Dank aussprechen. Sie haben mir bei den Nachforschungen zu diesem Buch sehr geholfen.

Mein besonderer Dank gilt Elenore Lester, Mitherausgeberin von »The Jewish Week«, für ihre Freundschaft und emotionale Unterstützung.

Mein Dank geht auch an die Autoren Judy Blume und Hermann Wouk für die Hilfestellungen, die sie mir gaben.

Ich erkenne dankbar die Unterstützung an, die mir von meinem Chef, Dr. Rolf Zilversmit, zuteil wurde.

Auch bei meinen Mitarbeiterinnen Ruth R. Goldberg und Vivian Hershfield bedanke ich mich, die in der schwierigen und anstrengenden Periode des Schreibens Verständnis für mich aufbrachten.

Nicht zuletzt möchte ich mich auch noch bei folgenden Personen und Institutionen bedanken: Dan Weissman, Prof. Henry Huttenbach, Rabbiner Herman Dicker, Dr. Kurt Maier, The Simon Wiesenthal Center, Center For Holocaust Studies, Inc., der Anti-Defamation Leage of B'nai B'rith und dem American Jewish Committee.

Ich danke herzlichst Mirjam Pressler für ihre großartige Übersetzung meines Buches in die deutsche Sprache. Sie verstand es mit großem Engagement, das Leben eines Kindes dem Originaltext entsprechend wiederzugeben.

Bei dem Verlag Beltz & Gelberg möchte ich mich für die Bereitschaft, mein Buch zu veröffentlichen, besonders bedanken, und auch bei Emanuel Rund und Katrin Seybold von der Katrin Seybold Film GmbH für die Herstellung des auf dem Buch basierenden Filmes: »Inge und der gelbe Stern.« Eine Fortsetzung ist in Vorbereitung.

Meine Dankbarkeit gilt noch vielen Menschen, die zu zahlreich sind, um hier genannt zu werden, deren Nichterwähnung jedoch kein Maßstab für die Hilfe ist, die sie mir gaben, um einen wichtigen Punkt in meinem Leben zu erreichen.

Inge Auerbacher

Bücher zum Weiterlesen

Eine Auswahl

Horst Burger, Warum warst du in der Hitler-Jugend? Vier Fragen an meinen Vater. Reutlingen: Ensslin & Laiblin Verlag, 1976
Michel de Castillo, Elegie der Nacht, Hamburg: Verlag Hoffmann & Campe 1959
Janina David, Ein Stück Himmel. München: Hanser Verlag 1981
Anne Frank, Das Tagebuch der Anne Frank, Frankfurt/M.: Fischer Verlag 1955
Barbara Gehrts, Nie wieder ein Wort davon? Stuttgart: Union Verlag 1975
Max von der Grün, Wie war das eigentlich? Kindheit und Jugend im Dritten Reich. Darmstadt: Luchterhand Verlag 1979
Peter Härtling, Krücke. Weinheim: Verlag Beltz & Gelberg 1986
Margaret Klare, Heute nacht ist viel passiert. Weinheim: Verlag Beltz & Gelberg 1989
Ilse Koehn, Mischling zweiten Grades. Reinbek b. Hamburg: Rowohlt Verlag 1979
Joel König, David. Frankfurt/M.: Fischer Verlag 1979
Myron Levoy, Der gelbe Vogel. Köln: Benzinger Verlag 1981
Tilde Michels, Freundschaft für immer und ewig? Zürich/Frauenfeld: Nagel & Kimche 1989
Christine Nöstlinger, Maikäfer flieg! Weinheim: Verlag Beltz & Gelberg 1986
Leonie Ossowski, Stern ohne Himmel. Weinheim: Verlag Beltz & Gelberg 1978
Walther Petri (Hrsg.), Das Tagbuch des Dawid Rubinowicz. Weinheim: Verlag Beltz & Gelberg 1986
Carlo Rossi, Wenn Steine sprechen könnten. Recklinghausen: G. Bitter Verlag 1987
Anranka Siegel, Weißt du nicht, daß du Jüdin bist? Ravensburg: Otto Maier Verlag 1985
Dorothea Stanic (Hrsg.), Kinder im KZ. Berlin: Elefanten Press 1979
Anton Tellegen, Ich war fünfzehn und zum Glück groß für mein Alter. Hamburg: C. Dressler Verlag 1987
Ida Vos, Anna gibt es noch. Aarau, Frankfurt/M.: Sauerländer Verlag 1987
Ida Vos, Wer nicht weg ist, wird gesehen. Aarau, Frankfurt/M.: Sauerländer Verlag 1989